Johannes Röser

Mut zur Religion

HERDER spektrum

Band 5602

Das Buch

Religion ist schon lange keine Nebensache mehr. Immer deutlicher wird: Religion ist auch eine Bildungsfrage – für den einzelnen wie für die Gesellschaft. Denn entscheidend für unsere Zukunft ist, ob wir geistig sinnvoll und spirituell lebendig, kreativ leben. Eine offene Gesellschaft muss sich dem kulturellen Wettbewerb um Moral, Werte und Glauben auch in religiöser Hinsicht offensiv öffnen. Wie sind wir in unserer Erziehung darauf vorbereitet? Wie bereiten wir uns darauf vor? Der viel beklagte Erziehungsnotstand führt auf dringende Weise zu ganz anderen Fragen. Johannes Röser geht diesen Themen nach und weckt Nachdenklichkeit zugunsten eines Dialogs der Generationen. Er fragt vor dem Hintergrund neuer Hirnforschung nach dem Zusammenhang von Gefühlsbindung und Gewissensentwicklung, Intelligenz und Glauben und plädiert für ein neues redliches, intelligentes religiöses Fragen, für uns und unsere Kinder. Denn wie Erziehungs-Verantwortliche mit den existentiellen Bedürfnissen umgehen und daraus ihre eigene Persönlichkeitsentwicklung und die der Kinder zur Weiterentwicklung anregen – das ist von höchster Bedeutung für die Gesellschaft insgesamt. Und bereichert nicht zuletzt den eigenen Lebensstil.

Der Autor

Johannes Röser, geb. 1956, Chefredakteur der Wochenzeitschrift „Christ in der Gegenwart" (Freiburg im Breisgau). Herausgeber der Bücher „Gott kommt aus der Dritten Welt – Erfahrungen und Zeugnisse", „Christsein 2001 – Erwartungen und Hoffnungen an der Schwelle zum neuen Jahrtausend", „Mehr Himmel wagen – Spurensuche in Gesellschaft, Kultur, Kirche" (Verlag Herder).

Johannes Röser

Mut zur Religion

Erziehung, Werte und die neue Frage nach Gott

HERDER

FREIBURG · BASEL · WIEN

Originalausgabe

www.herder.de
Satz: Barbara Herrmann, Freiburg
Druck und Bindung: fgb · freiburger graphische betriebe 2005
www.fgb.de
Umschlaggestaltung und Konzeption:
R·M·E München / Roland Eschlbeck, Liana Tuchel
Umschlagmotiv: © Photonica
Autorenfoto: Verlag Herder
ISBN: 3-451-05602-X

Inhalt

Einleitung

Mensch sein – Mensch werden

Wir sind nicht „fertig" oder: Erziehung und Neugier

Warum ist der Himmel blau? Wieso ist das Wasser nass? Weshalb kann ich den Wind nicht sehen? Aus welchen Teilchen besteht das kleinste Teilchen? Gibt es Gott auch ohne Menschen? Alles schwierige Erkennen beginnt mit einfachen Fragen. Im fortgeschrittenen Alter bemerkte Albert Einstein, dass er die meisten Erfolge dem Umstand verdankte, dass er sein Leben lang im Erkenntnisdrang Kind geblieben sei.

Eine Art kindlich-jugendliche Neugier beflügelt den Homo sapiens seit es ihn gibt, seit über 100 000 Jahren. Sie unterscheidet ihn grundlegend vom Tierreich. Kulturanthropologen sprechen von „Neotenie". Das heißt: Der Mensch ist das einzige Wesen, das seine wissbegierige Jugendlichkeit auch im Erwachsenwerden aufrechterhalten kann. Er wird paradoxerweise erwachsen gerade dadurch, dass er sich mit Herz und Verstand, mit Gefühl und Intellekt weigert, schlichtweg „fertig" zu sein. Der Sinn von Erziehung ist, diese natürliche Unabgeschlossenheit des Menschen zugunsten einer ganzheitlichen und reifen Persönlichkeitsentwicklung zu fördern.

Der Mensch hat Anlagen zum Staunen und Grübeln. Er kann alles, was ist, hinterfragen. Er kann sich sogar selber zum Gegenstand der Betrachtung machen und so sich selber überschreiten. Er kann über das Diesseits in ein Jenseits hinausdenken. Diese Transzendenzfähigkeit zu fördern, gehört mit zu einer umfassenden Erziehung. Verglichen mit den Tieren ist der zur Auseinandersetzung mit dem Wunderbaren und Geheimnisvollen geborene Mensch eher ein „sexuell reif gewordener Primatenfötus", meint der an der Universität Stanford lehrende Kulturwissenschaftler Robert Pogue Harrison. Mensch sein heißt: ständig Mensch werden. Harrison umschreibt diese Dynamik so: „Die Neotenie … ist ein Streben in Richtung größerer Freiheit nicht nur *von* den genetischen Diktaten der Vergangenheit, sondern auch *für* neue, unverwirklichte Möglichkeiten."[1] Diesem Streben hat Erziehung zu dienen. Kinder werden erwachsen, indem sie das Staunen nicht verlernen. Sie sollen dabei die Chance erhalten, auch die letzten Fragen nach Tod und Leben zu stellen. Sie können ihre Freiheit dann am besten verwirklichen, wenn sie spüren, dass sie in einer Welt leben, die nicht fertig ist. Sie sollen erfahren dürfen, dass der Weg ins Erwachsensein ständig neue Horizonte öffnet: zum Sinn des Lebens. Dazu gehört entscheidend die Neugier auf die Religion. Die persönliche Frage nach Gott sollte nicht ausgeklammert werden. Der menschliche Geist wird jung und bleibt jung insbesondere durch seine Fähigkeit zur religiösen Ahnung. Eine wirklich gute Erziehung will jedweder Ahnungslosigkeit – der geistigen wie der geistlichen – entgegenwirken.

Damit verbindet sich für die Eltern wie für alle anderen pädagogisch Verantwortlichen eine große weitere Herausforderung: Wie können sie als erwachsene Menschen in der Erziehung des Nachwuchses die emotionalen und intellektuellen Potentiale des Religiösen wiederentdecken und für sich selber fruchtbar werden lassen? Der Mensch ist nicht nur ein Lernender der Zukunft. Der Mensch wird Mensch ebenso durch Erinnerung, durch historisches Bewusstsein, durch das Lernen der Vergangenheit. Robert Pogue Harrison spricht von „zwei Arten menschlicher *Sapientia*": Die eine Weisheit „ist mit dem Geist oder der Intelligenz in uns verbunden, die experimentiert, erfindet, entdeckt, berechnet und im allgemeinen durch Erkenntnis und Manipulation der Außenwelt umfassenden Wandel zustande bringt. Die andere ist jene auf unserem Bewusstsein von Sterblichkeit beruhende Altersweisheit der Spezies, die den Göttern, den Gräbern der Toten, den Gesetzen und Schriften der Nationen, dem Gedächtnis der Dichter und der Archäologie der Gelehrten zur Entstehung verhalf … Während der Geist die Neuerungen der Zukunft freilegt, ererbt die Weisheit die Vermächtnisse der Vergangenheit und gibt sie weiter." Im Erziehungsprozess wirken beide Arten von Weisheit zusammen: Erinnerung und Vision, Glauben und Hoffen, Nachahmen und Neuentwerfen. Wir sollten uns der kritischen wie selbstkritischen Frage, ob wir unsere Kinder noch richtig und umfassend erziehen, mutig stellen.

Pisa des Glaubens

In der Bildungsdebatte der letzten Jahre wurde heftig über die internationale Schüler-Vergleichsstudie „Pisa" gestritten. Diese Untersuchung hatte erhebliche Lese-, Schreib- und Konzentrationsschwächen unter deutschen Kindern und Jugendlichen festgestellt. Vielen Schülern fällt es schwer, vorgelegte Texte überhaupt zu verstehen. Ein ähnlich schwerwiegender Bildungsmangel scheint diese Gesellschaft dagegen erst wenig zu beunruhigen: in der Religion, in der Spiritualität. Unter katastrophalen Lese- und Schreibschwächen auf diesem Gebiet leiden jedoch nicht nur Heranwachsende, sondern ebenfalls Erwachsene.

Über die Zukunft dieser Zivilisation und das Schicksal der nachfolgenden Generationen wird im Bereich des Religiösen wesentlich mitentschieden. Nachdenkliche Eltern wollen solche Entscheidungen nicht einfach passiv anderen überlassen, sondern sie aktiv durch Wort und Tat mitgestalten. Sie wollen gemeinsam mit ihren Kindern nicht nur materiell gesichert, sondern auch geistig kreativ und spirituell sinnvoll leben. Eine offene Gesellschaft, die offen bleiben möchte, muss sich dem kulturellen Wettbewerb um Moral, Werte und Glauben öffnen, auch in religiöser Hinsicht. Wie sind wir darauf vorbereitet? Wie bereiten wir uns darauf vor?

Dazu will dieses Buch Anregungen geben und Nachdenklichkeit wecken, zugunsten eines Dialogs der Generationen. Eine mündige und moderne erzieherische Kompetenz ist möglich. Der erste Schritt heraus aus dem „Erziehungsnotstand" wäre, diese bedeutende kulturelle und bildungspolitische Herausforderung überhaupt erst einmal wahrzunehmen. Das schließt ein, dass sich Eltern wie Erzieherinnen und Lehrer den letzten Fragen sensibel stellen: Wozu bin ich auf der Welt? Wozu all unser Mühen, Arbeiten, unser Streben nach Glück, Wohlstand und Zufriedenheit, wenn der Tod unausweichlich das irdische Dasein beendet, wenn am Ende angeblich doch alles aus sei? Oder gibt es doch einen Lebenssinn über das pure Diesseits hinaus, ein Ziel jenseits des Sterbens? Wie Erziehungs-Verantwortliche mit diesen existentiellen Bedürfnissen umgehen und daraus ihre eigene Persönlichkeit wie die der Kinder zur Weiterentwicklung anregen – das ist von höchster Bedeutung für die Gesellschaft insgesamt. Und bereichert nicht zuletzt den eigenen Lebensstil.

1 Die neue Werte-Debatte

Erziehungsnotstand

„Kindererziehung ist eine unsichere Sache. Wenn sie glückt, so ist es Kampf und Sorge gewesen. Wenn sie aber nicht glückt, ist der Kummer mit keinem anderen zu vergleichen." Das wusste schon der griechische Philosoph Demokrit. 2400 Jahre später wissen wir es nicht besser. Doch die Zeiten sind nicht dieselben. In unserer Gesellschaft ist Kinderkriegen keine Selbstverständlichkeit mehr. Außerdem trifft der „Kampf" und die „Sorge" um den Nachwuchs längst nicht mehr alle gleich.

Viele Gesellschaften stecken in einer ernsten Erziehungskrise. Sie hat einen Grund in der allgemeinen Verdrängung von Kindern und Jugendlichen. Die sogenannte Single-Kultur ist immer weniger auf Nachkommen ausgerichtet. Sie empfindet diese eher als Störenfriede. Erwachsene teilen die Lebensräume unter sich auf. Die weitreichende Verstädterung lässt dem freien Spielen „draußen" zum Beispiel immer weniger Platz. Selbst die Randbezirke und Naherholungsgebiete werden verbaut. Die Industrieparks siedeln sich inzwischen sogar auf dem Land, neben Dörfern an. Die Straßen gehören den Autos. Freiflächen müssen, da Grundstücke teuer sind, der Wohnverdichtung geopfert werden. Oder sie weichen Sport- und Vergnügungs-Zentren. Große Kaufhaus-Unternehmen beanspruchen für ihre Gebäude und Lagerhallen die „grüne Wiese". Die Möglichkeiten von Kindern und Jugendlichen zur körperlichen wie seelischen Entfaltung in der freien Natur werden entsprechend eingeschränkt und reglementiert. Die Freizeitgestaltung ist organisiert und „kaserniert". Oft bleibt nur noch der Aufenthalt in den eigenen vier Wänden. Fernseher und Computer dienen als Spielwiese und letzter Ausweg. Oder man muss mit den werbewirksam inszenierten genormten Freizeitparks und Vergnügungstempeln vorlieb nehmen, wo die entsprechend freizeitindustriell vorgefertigte Massen-Unterhaltungskost für Sport, „Spiel“ und Spannung verabreicht wird.

Die räumliche Verdrängung der Kinder und Jugendlichen wird verschärft durch eine geistig-seelische Verdrängung. Dann werden die Heranwachsenden nicht selten sich selbst überlassen. Die Erziehungsberechtigten und zur Erziehung Verpflichteten beschwichtigen in solchen Fällen ihr schlechtes Gewissen damit, dass sie unterstellen, ein Kind sei doch eigentlich schon erstaunlich selbständig, selbstsicher, kompetent und willensstark.

„Home alone“ – „allein zu Haus“ hießen mehrere populäre, lustig inszenierte amerikanische Filme, die genau diese Ideologie verkörpern: Kinder kämen mit gewissen Notlagen allein wunderbar zurecht. Sie seien in mancherlei Hinsicht sogar viel gewitzter und einfallsreicher als oft tölpelhafte Erwachsene. Vor allem seien sie – wenn es darauf ankommt – sogar schlauer als diese. Angeblich wissen Kinder sich allein prima zu helfen und durchzuschlagen. Es werde schon nichts schief gehen, wenn die Eltern mal nicht zu Hause sind. Diese Beruhigungsversuche helfen freilich nicht den Kindern. Sie entlasten einzig die Eltern von Schuldgefühlen. Sie vermuten ihre Kinder „allein zu Haus“ gut „bewahrt“, obwohl sie tatsächlich genau wissen, dass es nicht so ist, dass sie sich eigentlich viel intensiver um den Nachwuchs kümmern müssten.

Ähnlich entlastend für überforderte Eltern wirkt ein Trend, den die Journalistin Monika Osberghaus auf dem Kinderbuchmarkt beobachtet: dass so genannte Mutmach-Bände stark zugenommen haben. „Der weitaus größere Teil der heutigen Familiengeschichten für Kinder aber entlastet eher die Großen … Ihre Grundbotschaft … ist eindeutig und kühl: Solltest du Probleme mit einer Sache haben, sind deine Eltern überfordert und brauchen Unterstützung. Wenn ein Verlag mit dem Spruch ‚Von Kindern, die gut alleine klarkommen‘ für einen Roman wirbt, dann setzt er damit auf die Hoffnung der Eltern, ihrem Kind genau das beizubringen, indem sie ihm die Beispielgeschichte schenken. Andere Geschichten übertragen den Kindern gleich die ganze Verantwortung für alles. Du musst den Großen helfen, sie schaffen es nicht alleine, sagen all die Geschichten über Kinder, deren Mütter in Depressionen versinken und deren Väter arbeitslos und alkoholkrank werden. Sie trauen sich überhaupt nichts zu, erst recht nicht, dich zu erziehen. Sie sind verzweifelt mit sich selbst beschäftigt – ermutige sie, liebe sie, rette sie! … Statt sie wie die Märchenhelden in früheren Zeiten allein hinaus in die Welt zu entlassen, wo sie sich bewähren mussten, halten die jetzigen Kinderbucheltern ihre Kinder krampfhaft fest, flehen um Verständnis und lassen sich umsorgen."[2]

Einst haben die Eltern der Eltern im Notfall erzieherisch ausgeholfen. Doch die Großeltern haben inzwischen selber häufig keine Zeit mehr. Als rüstige Senioren wollen und müssen sie reisen. Sie möchten im Alter nachholen, worauf sie im Leben mit ihren eigenen Kindern verzichteten, was sie – so meinen sie jetzt – früher doch an wunderbaren Dingen versäumten. Plötzlich haben die Älteren Zeit – für sich. Akademien für die ältere Generation und Senioren-Studiengänge an den Universitäten bieten ein reichhaltiges Programm an. Auch Oma und Opa legen mittlerweile Wert auf Selbstverwirklichung. Sie wollen nicht weniger Spaß, Unterhaltung und Zerstreuung haben als ihre Kinder und Enkel. Sie wollen genauso wie andere ein selbstbestimmtes Leben führen dürfen – und sei es kurz vor dem Lebensende, über das man vielleicht doch lieber nicht allzu intensiv nachdenken möchte.

Wozu brauchen Kinder Eltern oder Großeltern? Nicht selten scheinen diese bevorzugt nur noch als Geldgeber zu funktionieren. Im Extremfall kindlicher oder jugendlicher Lebenskrisen helfen oftmals nicht Vater oder Mutter als entscheidende Instanzen, auch nicht Großvater oder Großmutter, kaum die älteren Geschwister, vielmehr: Freunde oder – noch häufiger – Beratungsstellen, Sozialarbeiter, Sozialpädagogen. Sie sollen die großen Erziehungsprobleme lösen, Fehlverhalten ausbügeln. Für nahezu alle Fälle gibt es Schulpsychologen oder

Streetworker. Aber auch sie können kein Elternersatz sein. Sie können die tiefen seelischen Verletzungen, die aus Vernachlässigung und Sinnlosigkeit entstehen, kaum wirklich heilen.

Dass Kinder heute praktisch überall „stören“, hängt auch damit zusammen, dass viele Erwachsene Kinder einfach nicht mehr gewöhnt sind. Jeder dritte Mann und jede dritte Frau von heute bleiben ein Leben lang kinderlos. Woher sollen sie – zumal wenn sie selbst als Einzelkinder aufgewachsen sind – erfahren, wie aus eigener Erfahrung im privaten Lebensumfeld wahrnehmen, was Kinder eigentlich wollen, brauchen und können?

Kulturgeschichtliche Entwicklungen und Fehlentwicklungen sind freilich kein Schicksal, dem man ohnmächtig ausgeliefert bleiben muss. Während Staat und Gesellschaft über lange Zeit hinweg meinten, Kinderkriegen, Kinder versorgen und Kinder erziehen sei Privatsache, scheint sich unter dem Druck der sozialen Veränderungen und der Überalterung allmählich ein kritisches Bewusstsein herauszubilden: Kinder sind eine öffentliche, eine politische Angelegenheit. Es kann einem Gemeinwesen für seinen sozialen Frieden nicht gleichgültig sein, ob und wie Menschen Verantwortung übernehmen für das, „was alle angeht“. Es ist höchst bedeutungsvoll für die Gesamtheit der Bürgerinnen und Bürger, wie gerade junge Eltern sich der großen Zukunftsaufgabe Erziehung stellen, wie es den Familien dabei geht, ob sie Unterstützung finden, Anregung, Ermutigung und Entlastung.

Nicht alles hängt vom Geld ab. Weitaus wichtiger ist, wie sich junge Mütter und Väter in ihre Nachkommen geistig hineindenken und seelisch hineinfühlen, wie sie sich mit ihnen solidarisieren. Mehr und mehr wird uns bewusst: Es geht nicht nur um die Zukunft unserer Kinder. Es geht dabei auch um unsere eigene Zukunft als Erwachsene. Was ist unser Lebensglück, was ist unser Lebensziel, was ist unser Sinn des Lebens? Die Erziehungsfrage wird zur sozialen Frage und – selbst wenn wir es zunächst so noch gar nicht gesehen haben – zu einer neuen religiösen Frage. Erziehung ist eine Aufgabe mit vielfältigsten Wirkungen und Wechselwirkungen.

Wertewandel

Welche Werte gelten noch? Welche Werte brauchen wir? Was hält die Gesellschaft zusammen? Fragen solcher Art beherrschen das Spiel der Meinungsumfragen. Eine Studie jagt die andere. Ganze Forschungsinstitute sind damit beschäftigt, die Gemütslage und die Bedürfniswelt der Bevölkerung zu erkunden, insbesondere die der Jugend. Man mag an der Aussagekraft der Befunde zweifeln – eins bekunden sie schon: dass es den Bürgerinnen und Bürgern wohl doch nicht völlig egal ist, was eine größere Gemeinschaft erhofft und ersehnt, was sie liebt und schätzt, was sie meint und glaubt. Kurzum: Was sie glücklich macht.

Während man in den siebziger Jahren – in der Folge der antiautoritären Bewegung der Achtundsechziger – noch vermutete, dass sich die alten Moralvorstellungen und Tugenden auflösen, sagen Trendforscher neuerdings eine Sehnsucht nach den neuen alten Werten, ein „*Comeback* der Werte“ voraus. Die Missachtung von Recht und Ordnung „ganz oben“ in der Politik wie „ganz unten“ im Volk, die Absahnermentalität bei Managern wie Schnäppchenjägern, Schwarzarbeit, Sozialhilfeschwindel, Korruption, Subventionsbetrug und Steuerhinterziehung werden nicht mehr einfach hingenommen. Im Gegenteil: Die Unruhe wächst, ob diese Gesellschaft zwischen Arm und Reich wieder auseinanderdriftet, nachdem sie in der Nachkriegszeit des Wirtschaftswunders einen gewissen sozialen Ausgleich erreicht und eine recht stabile Mittelschicht geschaffen hatte. Jeder ist seines Glückes Schmied? Die pure Selbstverwirklichungs-Ideologie, die meinte, dass es ausschließlich am Einzelnen liegt, was er erhält, und dass am Ende der Marktwert schon alles richten wird, kommt an Grenzen. Es wächst das Unbehagen an einem Zusammenleben, in dem jeder nur seinen Vorteil sucht und in dem Haltungen wie Nächstenliebe, Opfer und Verzicht eher als Zeichen von Schwäche und Lebensuntüchtigkeit gedeutet wurden.

„Nächstenliebe ist cool." Auch diese Erfahrung gehört zum Wertewandel. Der Abbruch der Moral geht einher mit einer erstaunlichen Neuentdeckung von ehrenamtlichem Engagement, persönlichem Einsatz für Bedürftige und Schwache. Zunehmend machen junge Leute nach dem Abitur erst einmal ein freiwilliges soziales Jahr. Manche gehen ins Ausland, einige in die Dritte Welt, um so auch interkulturell auf den Schattenseiten des Lebens fürs Leben zu lernen. Sogar beruflich wird es da und dort wieder zum Vorteil, nachweisen zu können, dass man sich für andere eingesetzt hat. Selbstverwirklichung gewinnt mit der Fremdverwirklichung durch Nächstenliebe einen Mehrwert. Wer Entsprechendes leistet, wird gelobt, findet Ansehen, hat nicht selten einen Wettbewerbsvorteil bei der Suche nach einem Arbeitsplatz. Wer sich dagegen überhaupt nie um andere kümmert, kann leicht ins Abseits geraten. Das heißt nicht, dass Egoismus „out" und Nächstenliebe „in" sei. Aber die „Trendmarken" und „Trendsetter" verändern sich. Der moralische Aufbruch vollzieht sich nicht selten versteckt, schleichend, wenig aufsehenerregend, ganz und gar unsensationell. Aber man sollte bei all den negativen Signalen für das Abbrechen einer gemeinsamen Moral die positiven Anzeichen einer Gegenbewegung nicht aus den Augen verlieren.

Tatort Schule

Um die gesellschaftliche Bejahung traditioneller Tugenden und die allgemeine Anerkennung moralischer Normen und Werte steht es vielleicht gar nicht so schlecht, wie manche „Untergangspropheten" in ihren apokalyptischen Weissagungen über die jüngeren Generationen behaupten. Dennoch folgt dem Behaupten nicht automatisch das Tun. Was die Menschen für gut und wünschenswert erachten, entspricht nicht einfach ihrem tatsächlichen Verhalten. So zeigt sich auch bei der Erziehung die Wirklichkeit gespalten. Hoffnungen und Träume werden begleitet von Rückschlägen und Verlusten.

Zum Beispiel ist die zunehmende – offene wie versteckte – Gewalt an Schulen eine bittere Tatsache, trotz so vieler pädagogischer Reformbemühungen. Der Amoklauf in einem Erfurter Gymnasium hat – so ungeklärt die konkreten Motive dieser brutalen Handlung, geboren aus Sinnlosigkeit und seelischer Verletztheit, weiterhin sind – die ganze Nation entsetzt und auch im Ausland viele Menschen aufs Schwerste beunruhigt. Denn die Schule ist inzwischen in vielen europäischen und amerikanischen Ländern zum „Tatort" geworden, wo all jene Enttäuschungen, Zurücksetzungen und Vernachlässigungen äußerst gewalttätig ausbrechen, die junge Leute Tag für Tag in der Familie zu Hause oder auch unter Gleichaltrigen in der Freizeit erleiden. Vielerorts hat sich unter Kindern und Jugendlichen ein massives zerstörerisches wie selbstzerstörerisches Potential von Beziehungsstörungen und Verhaltensauffälligkeiten aufgebaut, eine hochexplosive Mischung aus Stress, Versagens- und Schulangst, Konzentrationsschwächen, Unruhe, Getriebensein und seelischer Grausamkeit. Das schlägt sich nicht selten in Drogensucht, Sauferei, Dauer-Aggressivität, leichter Reizbarkeit, Fremdenfeindlichkeit, in bewussten Wert- und Normverletzungen nieder: von der Missachtung gegenüber Autoritätspersonen bis zur massiven Gewaltanwendung gegen Gleichaltrige, gegen sich selbst und den eigenen Körper.

Aus Grundschulen wird berichtet, dass inzwischen nahezu siebzig Prozent der Schüler über das gewöhnliche Maß hinaus erhebliche Schwierigkeiten beim Lesen, Schreiben, Rechnen, mit ihrer Motorik, ihrem Verhalten, ihrer Sprechfähigkeit, ihrer Konzentration haben. Nicht wenige leiden unter körperlichen Störungen, Allergien, Magen-Darm-Problemen. Diese sind – wie Kinder und Jugendärzte feststellen – eher selten auf organische Ursachen, viel häufiger auf psychosomatische Zusammenhänge zurückzuführen.

Medikamente sollen lindern, was mit chemischen Mitteln gar nicht zu heilen ist. Gut ein Drittel aller Kinder nimmt regelmäßig Pillen oder Säfte, um verschiedenste Krankheitssymptome zu bekämpfen. Die Hälfte der verabreichten Arzneien zielt direkt darauf, die Betroffenen zu beruhigen, zur Konzentration zu bringen beziehungsweise sie leistungsfördernd anzuregen. Nahezu vierzig Prozent der Zwölfjährigen und sogar über fünfzig Prozent der Siebzehnjährigen schlucken mehr oder weniger regelmäßig Kopfschmerztabletten. Jahr für Jahr werden bundesweit über eine halbe Million Rezepte mit Psychopharmaka für Kinder ausgestellt. Auf vordergründige Weise will man so ein Wohlbefinden herstellen, das durch tiefe individuelle Krisen und Probleme blockiert wird. Doch die eigentlichen Ursachen bleiben tabuisiert, schlichtweg verschwiegen. So werden die Kinder auf seltsame Weise zum Opfer eines Wellness-Wahns, einer Selbsttäuschung, die verhindern will, dass die wahren Wurzeln der allgegenwärtigen Unruhe und Unzufriedenheit ans Licht kommen.

Das größte Problem in der Informations- und Kommunikationsgesellschaft scheint die geistige Einsamkeit gerade der Kinder und Jugendlichen zu sein. Man redet daheim und mit Freunden über alles, aber nicht über das Eigentliche. Man hat Dauerspaß, Ablenkung, Vergnügen. Jeder Wunsch wird einem durch Mutter oder Vater von den Lippen abgelesen. Aber die finanzielle Wohlstandsvermehrung, die man unter anderem an den immens hohen Geldsummen ablesen kann, welche Jugendlichen in dieser Gesellschaft heute durchschnittlich zur Verfügung stehen, ersetzt nicht die wesentlichen vertrauensvollen Beziehungen und dauerhaften partnerschaftlichen Bindungen. Die vielen Konsum-Möglichkeiten schaffen nicht den inneren Frieden mitten in den Krisen, die jeder Mensch durchstehen muss. Pädagogen sprechen bereits von Wohlstandsverwahrlosung. Die meisten junge Leute haben materiell fast „alles“. Das Entscheidende aber haben sie nicht: Raum und Freiheit, die existentiellen, die religiösen Fragen zu stellen, dabei angehört, dazu angeregt und ermutigt zu werden. Wer bringt Jugendliche auf die Spur, auf den Geschmack ihres inneren Lebens? Nicht selten verursachen Beziehungskonflikte der Eltern die Seelenkonflikte der Kinder. Es ist kein Zufall, dass sich bei den am meisten verhaltensauffälligen, disziplinlosesten, den Unterricht aufs Schwerste störenden Schülerinnen und Schülern fast immer auch elterliche Beziehungsprobleme im Hintergrund zeigen. Disziplinlosigkeit ist oft nichts anderes als ein Schrei nach Geborgenheit.

Wer sich innerlich allein gelassen und schutzlos fühlt, will sich natürlich äußerlich stark und wehrhaft machen. Die besten Krücken dafür sind: Waffen. Nicht nur in Amerika, auch in Europa rüsten die Kids auf. Bis zu achtzig Prozent der Hauptschüler zum Beispiel tragen Butterflymesser, Gaspistolen, richtige Revolver oder andere „Verteidigungsinstrumente“ mit sich. Und man nutzt die Gelegenheiten, sich überlegen zu zeigen. Auf lächerlichste Hänseleien und kleinste Rempeleien reagieren die derart gereizten Kinder brutal. Auf die Frage nach den Gründen ist eine Antwort immer wieder zu hören: „Wenn man mich ärgert, raste ich eben aus …“ Doch das wahre „Warum?“ können die Betroffenen meistens nicht erklären. Sie kennen es wohl selber nicht, können es für sich nicht deuten, geschweige denn in Worte fassen.

Eine kleine Gewissenserforschung

Den weitaus größten Teil der aktiven Zeit – neben den Stunden, in denen man Freunde trifft oder allein ist – verbringen die Kinder und Jugendlichen zusammen mit Erziehern oder Lehrern, nicht aber mit den Eltern. Diese wünschen sich mehrheitlich sogar eine noch weiter gehende Delegation ihrer Erziehungsaufgabe an professionelle Pädagogen: möglichst eine Rundumbetreuung des Nachwuchses vormittags, mittags und nachmittags in Ganztagskindergärten oder Ganztagsschulen. Derartige Einrichtungen werden immer stärker angefordert in dem Maße, in dem beide Partner erwerbstätig sein möchten oder allein schon aus finanziellen Gründen erwerbstätig sein müssen. Vor allem auf den Müttern lastet dabei der größte Stress, Beruf, Erziehung und Familie unter einen Hut zu bringen.

Von den Pädagogen wiederum erwarten die Eltern „das Beste für mein Kind". Die Lehrer sollen im Nachwuchs Neugier wecken, Wissen vermitteln, sie sollen Werte und Tugenden weitergeben: Wahrhaftigkeit, Ehrlichkeit, Mitmenschlichkeit, Freundschaft, Gerechtigkeit, Treue, Achtung vor dem Leben, Demut, Freiheit, Pflichtbewusstsein, Tapferkeit, Maßhalten, Friedfertigkeit, Versöhnungsbereitschaft, Nachgiebigkeit, Durchsetzungsfähigkeit, Strebsamkeit, Fleiß, Aufmerksamkeit, Achtsamkeit, Selbstdisziplin, Urteilsfähigkeit, Klugheit, Schöpfungsverantwortung, Gemeinsinn, Mitleid, Empathie, Engagement gehören zum erwünschten Wertekatalog. Die Lehrer sollen die Heranwachsenden vor allem zu sozialem Verhalten befähigen und dafür sorgen, dass alle dabei auch noch viel Spaß haben, Lust am Lernen – als Erlebnis, als „Fun", als „Kick".

Was aber, wenn Lernen, darunter das Lernen von Werten, nicht nur Spaß macht, sondern wenn es insbesondere Entsagung, Härte, Mühsal, Ausdauer, Übung und Prüfung verlangt und eine gehörige Portion Verzicht auf Selbstverwirklichung voraussetzt? Was ist, wenn Lernen immer irgendwie auch „langweilig" ist, ja sogar „langweilig" sein muss, weil Langeweile die dichteste Form ist, um über pures Aneignen von Faktenwissen hinaus ebenso mit den existentiellen Tiefen der Erkenntnis und des Daseins in Berührung zu kommen? Die Fähigkeit zu solcher „Langeweile" erzeugt geradezu die höchste Spannung und Anspannung im Menschen. Sie ist notwendig, um Wesentliches zu erreichen. Derart gefüllte Langeweile, die zu Selbstbeschäftigung, Ausdauer und innerer Betrachtung befähigt, setzt zugleich höchste Konzentration frei.

Aufgrund der extrem hohen elterlichen Erwartungen an die Erziehung durch „Profis" leiden auch die Pädagogen – an Überforderung. Sie sind die Projektionsfläche vielfältiger Ansichten und Bedürfnisse. Sie sollen aus dem Wunschkind der Eltern das Wunderkind machen. Sie sollen Voraussetzungen schaffen und Fähigkeiten nachholen, die zu Hause versäumt wurden. Sie sollen Wissensstoff vermitteln, für die emotionale Zufriedenheit der Schülerinnen und Schüler sorgen, Vater- und Mutterersatz sein, manchmal Partner, sogar Freund. Sie sollen darüber hinaus Familienkonflikte, Beziehungskrisen, Liebesangelegenheiten bewältigen helfen.

Die Konsequenzen sind gesundheitlich längst messbar. Ein Drittel der Lehrer fühlt sich bereits nach wenigen Dienstjahren „ausgebrannt". Etliche geben ihren Beruf, den sie einmal mit großem Engagement als persönliche Berufung begonnen haben, frühzeitig auf. Vor allem der tägliche Kleinkrieg zwischen Klassenzimmer und Pausenhof verdirbt die Freude am Fach und an der Erziehung. Die gravierend zunehmenden Verhaltensstörungen in den Klassen, Unruhe, dauernde Gereiztheit und Aggressivität einzelner Schüler, Disziplinlosigkeit und offen zur Schau gestellte Lernunwilligkeit machen den Pädagogen schwer zu schaffen. Hinzu kommt, dass die Eltern der besonders schwer „erziehbaren" Schülerinnen und Schüler oft überhaupt kein Interesse zeigen, sich damit auseinanderzusetzen. Sie schlagen Gesprächsangebote aus, sind nicht erreichbar. Häufig heißt es in einer Schutzbehauptung: „Bei mir ist das Kind brav, wieso bei Ihnen nicht?"

Der Lehrer ist der Sündenbock. Ihm wird vorgeworfen zu versagen. Er sei zu schlecht ausgebildet, zu wenig motiviert, zu leistungsunwillig, zu faul. Eine über viele Jahre auch durch die Medien kräftig genährte Spirale des Grundmisstrauens gegen den Beamten Lehrer mit angeblich doch so viel Freizeit hat ihren Teil dazu beigetragen, auf diesem Feld mehr zu verdunkeln als zu erhellen. Doch gibt es eben – wie immer – viele Ursachen der Erziehungskrise. Eine wesentliche Ursache liegt in der Erwachsenenwelt, bei den Eltern selber.

Ewige Jugend – Oder: Werden wir kindisch?

Soziologen beobachten seit langem eine so genannte Infantilisierung, eine Verkindlichung der Lebensgefühle und Lebensstile gerade in der mittleren und jüngeren Generation. Früher war ein Mensch mit 21 Jahren volljährig, mündig, Staatsbürger – endgültig reif mit allen Rechten und Pflichten. Inzwischen ist man das amtlich mit 18. Aber zugleich ist und bleibt man immer noch „Jugendlicher", selbst mit 25, 30, 35 Jahren. Und sogar Vierzigjährige meinen, sie gehörten noch zur jungen Generation. Der Erwachsene ist vom Lebensgefühl her zum „Berufsjugendlichen" geworden, zum Jugendlichen aus Leidenschaft.

Wann haben Menschen den Mut, an sich selbst anzuerkennen, dass sie eben älter geworden und jetzt anders sind, dass sie neben Träumen und Wünschen auf einmal viel mehr Verantwortung haben, neben Rechten auch Pflichten – darunter vor allem die Pflicht, erwachsen zu sein, Kinder zum Erwachsenwerden zu erziehen, Grenzen zu setzen und Perspektiven anzuregen, nicht nur zu lernen, sondern wirklich: zu lehren, Autorität wahrzunehmen, Wissen weiterzugeben, Erkenntnis und Anstrengung zu verlangen?

Der Drang zur ewigen Jugend hat gewiss seine kulturellen, gesellschaftlichen, wirtschaftlichen und politischen Gründe. Zum einen ist der Mensch von seinem Wesen her auf ständige Evolution angelegt. Das schließt ganz natürlich Neugier und Offenheit ein. Zum anderen jedoch ist der Einzelne heute von seinem Umfeld her viel stärker als früher gezwungen, ein Leben lang zu lernen und umzulernen. Er soll sich möglichst ständig ändern und anpassen. Er hat zum Beispiel für seine Firma mobil und flexibel zu bleiben, selbst wenn er Phasen der Ruhe und Stabilität für sein seelisches Gleichgewicht und für das Wohlbefinden seiner Familie bräuchte. Schon die Ausbildungszeiten haben sich gegenüber früher erheblich verlängert. Während einst die Lehr- und Wanderjahre mit der Gesellenprüfung definitiv beendet waren – wobei natürlich die berufliche Weiterbildung nicht zu Ende war –, ist der Mensch von heute irgendwie ein Leben lang „Lehrling".

Stammeskulturen kennen Riten der Initiation, mit denen man eines Tages ein für allemal sein Kindsein ablegt, unumkehrbar ins Erwachsenenalter eintritt und damit fest die Wertekultur und die religiöse Kultur der Erwachsenen übernimmt. Diese Schwelle, die gleichzeitig einen klaren Schnitt markiert, ist in der gesellschaftlich erwünschten Kultur des Offenhaltens verschwunden. Beruf wie Freizeit verlangen und fördern den permanenten Jugendkult. Jugendlich soll ich sein von der Wiege bis zur Bahre, auf jeden Fall über die bisher gültige Renteneintrittsschwelle hinaus. Mindestens bis 67. Am besten: nie verbindlich, sondern immer spielerisch, immer irgendwie kindlich – vielleicht dann aber doch auch irgendwie kindisch?

Die weise Mahnung zum lebenslangen Lernen, zur dauerhaften Neuger schlägt in der Dauerbetriebsamkeit purer Lebensfitness und ewiger Anpassung um in eine lebensfeindliche Ideologie. Sie dient dazu, den Menschen in dauernder infantiler Abhängigkeit zu halten. Doch die Person, die zum Erwachsenen gereift ist, hat das Recht und den Anspruch, als Erwachsener behandelt zu werden. Sie soll zum Beispiel das, was sie mit viel Mühe und Engagement beruflich gelernt hat, auch einmal konzentriert und sinnvoll anwenden dürfen. Der ständige hektische Wechsel mit immer neuer Unsicherheit vor dem, was wird und was von mir verlangt ist, erweist sich als inhuman. Die Fähigkeit des Menschen zur Neugier und zum lebenslangen Lernen darf nicht ökonomisch ausbeuterisch missbraucht werden. Der Mensch ist keine Manövriermasse jeweiliger Bedürfnisse von Unternehmen, Volkswirtschaft, Staat oder Politik. Die natürliche Jugendlichkeit des Menschen hat Grenzen an der Würde des Menschen: gegen Jugendkult und Jugendwahn! Jeder soll als der, der er nun einmal geworden ist, in dem Beruf, den er mit Fleiß erlernt hat, und mit dieser seiner Berufung auch geachtet und in seiner Leistung anerkannt werden. Zur Menschenwürde gehört – bei aller notwendigen Neugier auf Neues – die Freiheit von Manipulation. Der Einzelne muss nicht für alles und jedes offen sein. Er soll bei aller Dynamik auch Halt finden – und Haltung bewahren. Er soll Widerstand leisten gegen Vereinnahmung. Neugier und Stabilität sind in eine Balance zu bringen.

Die Illusion vom Zurück

Der infantile Jugendkult zeigt sich unter anderem in der psychischen Regression Erwachsener: wenn sie zum Beispiel ihre pubertären Träume noch einmal schwärmerisch nachphantasieren – etwa wenn die eigenen Kinder ihre ersten Liebesromanzen haben. Die „verbotene Liebe", die rebellische oder romantische Liebe des Nachwuchses wird gar nicht so selten von den Eltern „vereinnahmt". Sie sehen sich in den Kindern wieder, „wiederholen" in deren Liebschaften die eigenen Liebschaften von einst. Im Extremfall führt diese Art der emotionalen Verkindlichung eines Erwachsenen dazu, das Kind mit einem geradezu kindisch gesteigerten Behütungsinstinkt zu überziehen, ihm sogar einen geschützten Raum anzubieten, den man bei den eigenen Eltern früher nicht hatte.

Die Eltern fahren zum Beispiel extra weg, damit sich die Jugendlichen frei, aber doch „behütet" zu Hause vergnügen können, wobei man aus der Ferne ständig per Handy anruft, ob auch alles okay ist. Damit es dem Kind rundum gut geht, muss es störungsfrei abgesichert werden. Geradezu skurril wird diese Infantilisierung, wenn die Mutter meint, die Bettwäsche für die Liebesnacht der Jüngsten richten zu müssen und womöglich unaufdringlich-aufdringlich auch noch die

Kondome besorgt, damit auch ja nichts Unvorhergesehenes passiert. Oder wenn der Vater dafür sorgt, dass genug Getränke zu Hause sind. Eltern von heute suchen inzwischen für den Sohn oder die Tochter sogar die Studentenbude oder sie kaufen den der Minderjährigkeit gerade Entschlüpften, die eigentlich aus der heimischen Sesshaftigkeit des „Hotels Mama" in eine freie, selbstbestimmte Welt aufbrechen sollten, gleich ein Appartement für neue Sesshaftigkeit. Beim Einrichten sind selbstverständlich die Eltern zur Stelle. Sie organisieren den Umzug und kommen womöglich sogar mit, damit die Immatrikulation an der Uni klappt. Immer häufiger möchten die Eltern der werdenden Mutter, des werdenden Vaters – also Oma und Opa – im Kreißsaal mit dabei sein, wenn das Enkelkind geboren wird. Wann eigentlich dürfen Kinder frei und selbständig werden? Wann befreien sich die Eltern von einer Infantilität, in der sie sich irrational an den Nachwuchs klammern.

Während die Erwachsenen sich kindisch zeigen, werden in unserer Kultur die Kinder mehr und mehr wie Erwachsene behandelt. Im Extremfall lassen sich die Eltern von ihren Kindern tyrannisieren und vorführen. In der Straßenbahn, im Bus, im Zug kann man peinliche Szenen erleben, wie Mutter oder Vater das ungehörige, freche Kind geradezu hilflos-infantil anbetteln, doch bitteschön dieses oder jenes einzusehen, folgsam zu sein, dies oder das zu machen. Es geschehe doch nur zu seinem Wohl. Der Kinder- und Jugendpsychiater Wilhelm Rotthaus beobachtet: „Manche Eltern wollen der beste Freund oder die beste Freundin ihres Kindes sein, andere resignieren und geben Erziehung auf mit der Begründung, dass ihre Kinder sowieso nicht das tun, was sie wollen."[3]

Es kommt vor, dass die Eltern von den Kindern geschlagen werden und das geradezu ohnmächtig über sich ergehen lassen. „Die Eltern übernehmen die Rolle von Erfüllungsgehilfen für die Wünsche ihrer Kinder und werden letztlich geradezu zu Bittstellern vor ihren Kindern." Das wiederum schafft Gereiztheit. Die Spannung zwischen Wunsch, Enttäuschung und

Apathie erzeugt im schlimmsten Fall handfeste Gewalt in den Familien beziehungsweise Teilfamilien. Zwischen Vernachlässigung und Überbehütung schwanken die Gefühlsregungen der Mütter oder Väter, die sich immer weniger trauen, ihren altklugen Sprösslingen klare Grenzen zu setzen. Die verbreitete Erziehungsnot in unserer Gesellschaft gründet wesentlich in einem infantilen Lebensstil der Erwachsenen. Sie trauen sich nicht, mit der Autorität von Erwachsenen bei Gelegenheit klare Weisungen zu geben. Sie sind vielfach verunsichert, sich wie Erwachsene zu benehmen. Kinder spüren das.

Auch in anderer Hinsicht ist der Unterschied zwischen Erwachsensein und Kindsein in unserer Gesellschaft verschwommen. Die Rollen wirken oftmals wie vertauscht. Die Kinder werden durch die Medien zum Beispiel sehr jung „aufgeklärt". Sie werden über die elterlichen Beziehungsprobleme häufig direkt in die Erwachsenenkonflikte hineingestoßen. Von der Wirtschaft werden Kinder wie volljährige Kunden umworben. Die Kleinen sehen sich wie Große behandelt. Sie sollen ihre Konsum-Vorstellungen äußern, als ob sie echte Entscheidungskompetenz hätten – von der Markenmode über Stereoanlage bis zu Computerzubehör, DVD oder Geldkonto. Auf der anderen Seite fühlen sich Erwachsene noch unverbindlich frei wie Jugendliche, ständig auf der Suche, ohne klare Ziele, beruflich anhaltend unentschieden, ohne Willen zur Festlegung, zur verbindlichen Partner-Wahl, zur klaren Verantwortung. Rotthaus: „Die typischen Merkmale von Kindheit wie Kinderspiele, Kinderkleidung gibt es kaum noch ... Erwachsensein dadurch zu definieren, dass der Erwachsene ‚ausgelernt' hat, wie es vor dreißig oder vierzig Jahren galt, wirkt heute schon grotesk. Auch der Erwachsene, der auf einem Tretroller durch Köln fährt, wäre früher kaum denkbar gewesen."

Was kann, was soll sich ändern? Rotthaus meint: Auf jeden Fall müssten die Kinder weiterhin als „gleichwertig zur Erwachsenenwelt" in ihren Bedürfnissen, Erfahrungen und Gedanken ernst genommen werden. Ebenso ernst zu nehmen seien die

Kinder jedoch darin, dass sie vieles eben noch nicht können, noch nicht wissen und nicht richtig einschätzen. „Sie sind darauf angewiesen, dass die Erwachsenen sie in die Gesellschaft einführen, ihnen Anleitung und Unterstützung geben."

Das Vaterhaus ist das Mutterhaus

Eine besondere Art der Infantilisierung des Erwachsenen zeigt sich in der erschreckend zunehmenden Unfähigkeit, sich in einer treuen ehelichen Gemeinschaft lebenslang zu binden – bis der Tod die Partner scheidet. Die mittlerweile extrem hohe Zahl von Ehescheidungen, die ständige Jagd nach dem Traummann und der Traumfrau für die nächste Lebensabschnitts-Partnerschaft ist bei aller Tragik im Einzelfall doch auch ein Ausdruck der inneren Verweigerung, erwachsen werden zu wollen. In Deutschland werden inzwischen in jedem Jahr weit über 200 000 Ehen aufgelöst. Jede dritte Ehe wird im Lauf des Lebens getrennt, oft bereits im sechsten Jahr. Vor allem die Kinder leiden darunter seelisch schwer.

Inzwischen rührt sich auch in jenen Presseorganen, die einst für eine möglichst freizügige Regelung des Scheidungsrechts kämpften, großes Unbehagen, dass die Bevölkerung diesen Trend mehr oder weniger schulterzuckend hinnimmt. Man müsse angesichts dieser Tatsachen endlich nachdenklich werden. Die linksliberale Berliner „Tageszeitung" klärte auf: „In jeder zweiten Scheidung sind Kinder betroffen. Eltern, die gerne zusammenbleiben, sind für sie das Beste. Das ist die emotionale Seite der Nüchternheit."[4]

Die „Badische Zeitung" schrieb zeitgleich in einem Kommentar zu den hohen Scheidungszahlen 2004: „Kann es ... sein, dass sich die Gesellschaft mit dieser Normalität zu bereitwillig abfindet – und sie damit noch fördert? Bekanntlich sind bei den meisten Scheidungen nicht alle Beteiligten danach glücklicher als davor, und das ist das Problem. Es wird zum

Problem von Staat und Gesellschaft ... Es mag Scheidungen geben, die für alle Beteiligten eine Erlösung sind. Das ist erkennbar die Minderzahl. Oft handelt es sich um Fälle von Egoismus, Flucht aus der Verantwortung und dem naiven Anspruch auf eine permanente Schönwetterehe. Eine kritischere Debatte darüber würde diesem Land mehr nutzen als schaden."[5]

Dass Paare durch schwere Krisen und Konflikte hindurch ihre Beziehung bewahren, neu finden, verlebendigen und einander Sünde und Schuld auch vergeben lernen – das wird zur großen politisch-sozialen Herausforderung der Allgemeinheit. Es ist nicht nur eine Angelegenheit der privaten Partnerschaft. Zu einer erwachsenen Beziehung gehört, sich daran abzuarbeiten, um die Liebe ständig neu zu kämpfen, auch zu streiten, Frustrationstoleranz zu entwickeln, vor allem die Herausforderung, sich selbst am Partner weiterzuentwickeln, nicht stehen zu bleiben – und nachzugeben.

„Ich bin der dritte Mann meiner zweiten Frau ...": Zwischen der infantilen Bindungsunfähigkeit Erwachsener und der Bildungsnot von Kindern gibt es klare Zusammenhänge, was auch die Wertebildung blockieren kann. Über fünfzehn Prozent aller Familien in unserer Gesellschaft sind Ein-Eltern-Familien, in denen die Kinder meist ihren Vater nicht kennen oder keinen Kontakt zu ihm haben. Diese Heranwachsenden leben bei der Mutter. Die matrilineare Lebensform hat sich in weiten Teilen unserer angeblich patriarchalisch geprägten Kultur längst durchgesetzt. Das Elternhaus ist das Mutterhaus. Die Kinder ziehen mit der Mutter von Partner zu Partner. In Krisenzeiten kümmert sich die Mutter der Mutter um die Kinder. Das alltägliche Chaos der Beziehungskisten erzeugt seelische Störungen unter vielen betroffenen Kindern. Der Beziehungsstress der Erwachsenen überträgt sich direkt auf den Nachwuchs. Einzelne Kinder und Jugendliche sind innerlich natürlich stark genug, um das zu verkraften. Die meisten jedoch nicht. Sie sind dem Widerstreit der Emotionen – wenn die Eltern auseinander gehen – fast nie gewachsen.

Die Werteerziehung der Jüngeren beginnt bei der Selbst-Erziehung ihrer Eltern. Die Erwachsenen selber müssen lernen, herauszutreten aus selbst verschuldeter Unmündigkeit, um Sicherheit zu gewinnen, wirklich erwachsen handeln zu wollen.

2 Wie viel Bindung braucht ein Mensch?

Moral im Kopf

In den sechziger und siebziger Jahren war es Mode, menschliches Verhalten durch Umwelteinflüsse, Erziehung oder Milieu zu erklären und individuelles Fehlverhalten damit zu entschuldigen. Entsprechend sah man Hass und Gewalt als von außen beeinflusst an. Der Täter war das Opfer. Er war das Opfer einer ihm feindlich gesonnenen Gesellschaft. Mit der molekularbiologischen Aufschlüsselung des Erbcodes, der ein Lebewesen erst lebensfähig macht und es vom Stoffwechsel bis zur Zeugungsfähigkeit, vom Denken bis zum Fühlen steuert, sahen nicht wenige Wissenschaftler das Verhalten des Menschen nun auf einmal genetisch vorprogrammiert. Sogar für Homosexualität, für Fettleibigkeit, für Depression, für Rechenkünste … schienen plötzlich einzelne Gene oder mehrere bestimmte Gene im Zusammenspiel zuständig zu sein. Die chemischen Grundbausteine, die sich im Zellkern zur Desoxyribonukleinsäure (DNA) verbinden, wurden verantwortlich gemacht für dieses oder jenes Tun, für geistige und körperliche Regungen, für Gemütsschwankungen, im Grunde für alles, was ein Mensch denkt, fühlt, entscheidet, was er überhaupt unternehmen kann – im Guten wie im Bösen. Ist der Mensch nur ein willenloses Opfer seiner Gene? Ausweglos prädestiniert, nichts anderes als ein Produkt nunmehr nicht göttlicher, sondern genetischer „Vorhersehung"?

Und weiter: Ist Freiheit nichts als Einbildung, eine Illusion? Eine äußerst komplexe und daher für den Wahrnehmenden undurchschaubare Verknüpfung und Aktivierung seiner Hirnzellen? Im Zusammenspiel der Genforschung mit der neueren Hirnforschung setzen sich die Versuche fort, menschliches Verhalten als in jeder Hinsicht determiniert zu erklären, bis in alle Einzelheiten hinein veranlagt in jenem rätselhaften, von der äußeren Struktur her nussähnlich erscheinenden Organ Gehirn.

Tatsächlich wurde Sensationelles entdeckt. So hatte in einem amerikanischen Hirnforschungsinstitut, im Medical Center in Iowa, ein Neurologen-Team einen Bereich ausfindig gemacht, der für moralisches Empfinden, Schuldgefühle, Nächstenliebe und Verantwortungssinn wichtig zu sein scheint. Patienten, bei denen beispielsweise durch einen Unfall oder durch einen Tumor die Region im sogenannten vorderen Stirnhirn gestört oder sogar völlig zerstört wurde, können jene menschlich-emotionalen Fähigkeiten nicht mehr entwickeln, die uns als „normal" erscheinen. Die Betroffenen werden im schlimmsten Fall gewalttätig, brutal. Sie wirken egoistisch und stehen dem Schicksal anderer Menschen, sogar den Gefühlsregungen der eigenen Kinder, teilnahmslos gegenüber.

Bekannt wurde der Aufsehen erregende Fall einer Frau, die im Säuglingsalter – als fünfzehnmonatiges Baby – bei einem Autounfall schwer verletzt worden war. Der vordere Teil des Gehirns wurde am stärksten geschädigt. Ihr ganzes weiteres Leben wurde davon nachhaltig beeinflusst. Es verlief dramatisch. Mit den entsprechenden Hirnzellen kamen dem heranwachsenden Mädchen alle in den betroffenen Neuronen angelegten Fähigkeiten für Gefühlsregungen wie Liebe, Nächstenliebe, Mitleid, Empathie abhanden. Es konnte auch kein Verantwortungsbewusstsein entwickeln. Die organischen Regionen, die dafür vorgesehen sind, die einfachsten Regeln des sozialen Zusammenlebens wahrzunehmen, fielen schlichtweg aus. Wie sollte dieser arme Mensch entsprechende Normen „verstehen"? Das Kind wurde ohne eigenes Verschulden moralisch „blind", konnte schlichtweg nicht mit inneren Gewissensregungen „sehen", was alle anderen Menschen sahen. Das „moralische Augenlicht" war mit dem Unfall von einer Sekunde zur anderen ausgelöscht.

Das Mädchen fiel schon früh durch außerordentliche Aggressivität und Gewaltbereitschaft auf. Es log und stahl. Schuldgefühle oder Reue zeigte es überhaupt nicht. Dazu fehlte ihm jede Einsicht. Die Einsicht konnte es auch durch rationales

Antrainieren nicht mehr erwerben. Hinzu kam ein ausgesprochenes Sündenbock-Denken: An Schwierigkeiten im Leben waren immer die anderen schuld. Als später die junge Frau ein eigenes Kind gebar, vernachlässigte sie ihr Baby, behandelte es geradezu gefährlich. Der Frau fehlten alle mütterlichen Schutz- und Fürsorgeinstinkte. Was ein Säugling braucht, was er auf natürliche Weise kann beziehungsweise eben noch nicht kann – dafür hatte die junge Frau keinerlei Sensibilität ausprägen können.

Viele vergleichbare tragische Fälle sind untersucht worden. Immer wieder stellte man fest: Es gibt unzählige Patienten, die zwar hochintelligent sind, die logisch völlig klar und absolut rational denken können, die aber dennoch emotional total unfähig sind, angemessen und „vernünftig" zu entscheiden. Ihnen fehlt jede psychische Einsicht, soziale Bindungen zu pflegen, ja überhaupt personale Beziehungen zu knüpfen. Tests fanden heraus, dass diesen Leuten – alle mit ausgeprägten Schäden im vorderen Stirnteil – die Gefühle vollkommen abhanden gekommen waren. Wenn man ihnen zum Beispiel barbarische Schreckensbilder zeigte, auf die normale Leute mit Abscheu und Entsetzen reagieren, rührte das die entsprechend Hirnverletzten gar nicht, obwohl ihnen rein verstandesmäßig durchaus klar war, dass der Inhalt dessen, was sie betrachteten, grausam ist. Sie wissen, was ist, aber sie fühlen nicht, was ist. Sie haben keine emotionale Rückbindung ihres Denkens mehr und können so praktisch ihre Erkenntnisse nicht mehr mit einem angemessenen Verhalten verarbeiten. Viele reagieren dann über alle Maßen aggressiv, gereizt, „unbelehrbar".

Ist das Böse also nur – wie manche Verhaltensbiologen behaupten – ein „sogenanntes Böses"? Ist Brutalität, Gefühlskälte, Ablehnung, Gewalt nur eine Art Krankheit, für die der Mensch eigentlich gar nichts kann? Nun gibt es allerdings massiv destruktives Verhalten weit jenseits jeder „normalen" Abweichung nicht nur bei Menschen, denen man organische Hirnschäden nachweisen kann, sondern auch bei „Gesunden“. Es wäre zu einfach, Menschen, die über jedes biologisch natürliche Maß von Aggression hinaus gewalttätig in Erscheinung treten, durch Fehler im Hirn zu entschuldigen. Es gibt auch nicht einfach Gene in unseren Zellen für das Böse, so wie es nicht einfach Gene für das Gute gibt. Und es sind ebensowenig nur bestimmte Hirnzellverknüpfungen, die darüber entscheiden, ob jemand zum Übeltäter oder zum Wohltäter wird.

Die Moral im Kopf kommt nicht allein aus der Chemie. So wahr es ist, dass die Fähigkeit, Werte und Normen zu erkennen und zu befolgen, eine physiologische, also eine materielle körperlich-strukturelle Grundlage im Gehirn braucht, so deutlich zeigt sich auch: Unser moralisches Empfinden wird in einem langwierigen Prozess erworben und weiterentwickelt, selbst wenn es davon abhängt, dass spezielle Nervenzellen überhaupt funktionieren. Ohne die Neuronen-Verbindungen geht es nicht. Doch Neuronen allein machen den Menschen noch nicht zum Gestalter des Lebens. Ohne Lernen, ohne Übung, ohne entsprechende geistige Ernährung der Nervenzellen im Gehirn durch Erziehung „von außen“ bleibt der Mensch hilflos. Es braucht beides: Er muss auf die Spur gebracht werden, anzuwenden, was in ihm positiv angelegt ist. Er muss sich aber auch „von innen“, aus eigener Anstrengung, mühen, dem Guten, Wahren und Schönen auf die Spur zu kommen.

Das ist ein hochkomplexes, ständig wechselseitiges Geschehen zwischen Materie und Geist. Der Geist, der durch äußere Erfahrung wie durch innere Achtsamkeit angeregt wird, formt die Materie des Gehirns genauso aktiv neu, wie diese aktiv zurückwirkt auf den Geist. Unaufhörlich neu schafft er sich in einem andauernden Erregungszustand, der genauso aus dem Menschen „herauskommt“, wie er in den Menschen „hineinkommt“. Es ist ein eigenartig widersprüchlich erscheinendes Geschehen, das zirkelschlussartig durchaus der klassischen paradoxen Frage nahe kommt: Was war zuerst da – die Henne oder das Ei? Es gibt für die geistig-materiell gekoppelten Prozesse der Evolution des Menschen keinen schlüssig abzugrenzenden Anfang und kein eindeutiges Ergebnis im Sinne einer konventionellen kausalen Logik.

Das Gehirn ist durch die Sinne, durch das Denken und Fühlen physiologisch veränder- und erneuerbar. Auch dafür gibt es viele Erfahrungen und anscheinend banale Anschauungen aus der Alltagswelt. Zum Beispiel kann eine recht lange zurückliegende gefestigte Erinnerung an Gutes und Besseres einem Menschen helfen, Krisensituationen durchzustehen und positiv zu meistern, ohne sich in vielleicht nahe liegende rachsüchtige böse Handlungs-Reaktionsmuster zu flüchten. Nach wie vor vergelten viele Menschen Böses, das ihnen widerfahren ist, *nicht* mit Bösem. Trotz des ihnen angetanen schrecklichen Leids suchen sie Alternativen und wagen wider alle Logik den ersten Schritt zu Vertrauen, Vergebung und Versöhnung. Das Böse und die Reaktionen auf das Böse sind nicht schlichtweg vorherbestimmt. Sie sind genauso wenig determiniert wie das Gute und die Reaktionen auf das Gute. Der Mensch kann dank seines komplexen Gehirns sich selbst überschreiten und eindimensionale Antwortmuster vermeiden.

In der Hirnforschung ist außerdem beobachtet worden, dass Menschen, die erst in einem späteren Lebensalter die erwähnten Schädigungen im vorderen Stirnteil erlitten haben, sich trotzdem oftmals die Fähigkeit bewahrt haben, richtig zu ahnen, was gut und böse, was richtig oder falsch ist. Die entsprechende geistig-seelische Erkenntnis muss also keineswegs zwingend mit dem Ausfall der dazugehörigen materiellen Hirnregionen absterben. Bei vielen Hirnzellenschädigungen infolge eines Schlaganfalls wiederum ist bekannt, dass andere Hirnregionen gewisse Ausfälle übernehmen können. Die physiologischen Mängel lassen sich zumindest ein Stück weit ausgleichen, wenn der Patient andere Hirnpartien trainiert, wenn er sich körperlich und mental anstrengt und so seine Gesundung herausfordert. Die materielle Hirnentwicklung hängt stets wesentlich ab von geistig-seelischen Lernprozessen, von Erziehung und

Selbsterziehung, von der ganzheitlichen Förderung wie Forderung des eigenen Hirns. Auch emotionale – und nicht nur rationale – Fähigkeiten werden erworben durch Wiederholung, Übung, Versuch und Irrtum, vor allem aber immer wieder: durch Belohnung. Liebe, Geborgenheit, erzieherische Zuwendung, Geduld schaffen angstfreie Räume und beeinflussen als positive geistige Erfahrungen die körperliche Hirnentwicklung, den Aufbau und die weitere Vernetzung und Verschaltung von Hirnzellen. Und jede positive Erziehung braucht Urvertrauen.

Nächstenliebe – gut auch fürs Gehirn

Zusehends bestätigt die moderne Hirnforschung, dass es in unserem Zentralorgan fürs Denken, Fühlen und Steuern physiologisch wie psychologisch engste Zusammenhänge gibt zwischen der Wertebindung von Erwachsenen und der Wertebildung von Heranwachsenden, zwischen dem Bindungsverhalten der Eltern und der Entwicklungsfähigkeit ihrer Kinder. Der Göttinger Hirnforscher Gerald Hüther, der als Neurobiologe lange unter anderem in der Stressforschung gearbeitet hat, konnte nachweisen, dass der Aufbau der komplexen Verknüpfungen zwischen den über zehn Milliarden Nervenzellen – zum Teil mehrere zehntausendfach miteinander verschaltet – wesentlich davon abhängt, dass die Kinder Geborgenheit, Halt und Stabilität von ihren Eltern bekommen. Die alte Weisheit lässt sich inzwischen durch die Neurologie belegen: Grundvertrauen erleichtert das Lernen, dabei auch das Einüben von Werten. Das Gehirn und seine Leistungen werden dadurch nicht nur rational-kognitiv verbessert, sondern ebenso emotional-sozial. Vereinfacht gesagt: Nächstenliebe ist gut auch fürs Gehirn. Umgekehrt: Liebesentzug erschwert das Lernen, lähmt die Fähigkeit, mit dem natürlichen Stress und der natürlichen Angst produktiv umzugehen, diese zum Wohl der ganzheitlich-personalen Entwicklung, zum Aufbau eines starken Ich zu nutzen.

Mehr und mehr korrigiert die Hirnforschung die klassische Ansicht, wonach das Gehirn in erster Linie ein Denkorgan sei. Weitaus mehr ist es ein Sozialorgan. Im Gehirn beginnt alle Erziehung und Selbsterziehung. Der genetische Reduktionismus, der so tut, als ob alle menschlichen Entfaltungsmöglichkeiten einseitig materiell vom Erbcode vorherbestimmt seien, befindet sich auf einem Holzweg. Hirnphysiologische Experimente zeigen vielmehr auch etwa den Erziehungsweg von Eltern und Kindern als ein sehr leistungsfähiges Spiel zwischen Materie und Geist, Geist und Materie, Innenwelt und Außenwelt, Außenwelt und Innenwelt.

Geborgenheit befähigt zur Neugier, zu einem sachgerechten Umgang mit dem ungewohnt Neuen, das natürlich jedem Menschen immer zuerst Angst und Stress macht. Wer sich emotional, etwa durch elterliche Vertrauensbeweise und körperlich-seelische Nähe, gebunden fühlt, kann angesichts des Neuen Neugier entwickeln und in seinem Gehirn Verknüpfungen umschalten, erweitern, verbessern, vervielfältigen und sich mithilfe dieser höheren Komplexität von festgefahrenen Gewohnheiten loslösen. So erwirbt sich jeder Mensch auf seinem spannenden Entwicklungsweg Freiheit.

Die komplexeren Schaltungen helfen, Probleme auf einer nächsthöheren Ebene zu bewältigen, wieder neues Vertrauen zu stiften, um daraufhin noch schwierigere Aufgaben zu meistern. Jede positive menschliche Gehirnentwicklung gründet auf einer Grundbindung durch Urvertrauen. Durch die emotionale Erfahrung von Ruhe und Stabilität, die von den Eltern ausgeht und das Kind befreit, wird die Leistungsfähigkeit des Gehirns nachhaltig angeregt, so dass sich immer weitere Hirnzellenverschaltungen mit immer höherer Komplexität entwickeln können. Der Mensch kann sich dann in einem komplizierten Leben besser zurechtzufinden. Vertrauen schaffen durch die elterliche Bindung untereinander und gegenüber dem Kind – das beflügelt die umfassende Hirnbildung des Heranwachsenden rational wie emotional. Hier liegt die bisher weitgehend unterschätzte hirnphysiologische Wurzel aller Werteerziehung, ob zu Hause, in der Schule oder auch im religiösen Leben.[6]

Liebe macht gesund: den *ganzen* Menschen. Positive Emotionen bauen auch materiell-physiologisch das Gehirn auf und verbessern das Zusammenspiel seiner Zellen. Der Mensch ist in seinem Denk-, Fühl- und Steuerungsorgan nicht von Geburt an fertig, sondern evolutionär auf Veränderung und Horizonterweiterung angelegt. Das alles geschieht in einem komplizierten Zusammenspiel von Sein und Bewusstsein, inspiriert durch andauernde Wechselwirkungen zwischen Geist und Materie.

Moralisch vorbildliches Verhalten und Nächstenliebe kann jeder in Gemeinschaft und als Einzelner einüben. Das begünstigt die hirnphysiologischen Entwicklungsprozesse. Was nicht stimuliert wird, bleibt brachliegen. Es verkümmert, stirbt allmählich ab. Eine moralisch-seelische Vernachlässigung des Kindes – manchmal bis zur Verwahrlosung – wirkt sich unmittelbar negativ auf die strukturelle Hirnentwicklung aus. Wer beispielsweise als Kind überwiegend Ablehnung oder sogar Gewalt erfährt, stumpft ab. Sein Hirn kann nicht mehr richtig arbeiten. Die notwendigen Hirnzellenvernetzungen für Nächstenliebe und Moral bilden sich dann nur schwer. Die reale wie inszenierte Gewalt – gerade auch in den Medien – ist womöglich selbst für seelisch „gesunde" Menschen nicht ganz so harmlos. Auf Dauer hat Brutalität materiell-physiologische Auswirkungen im Gehirn. Der Rausch des Bestialischen kann den für die psychische Gesundheit so wichtigen Ekel abstumpfen und im Lauf der Zeit durch Gewöhnung das Gehirn „umprogrammieren".

Wer dagegen konsequent Nächstenliebe lernt und sich in Nächstenliebe übt, wer zur Unterscheidung von Gut und Böse angeleitet wird, mobilisiert auch die Kraft zum Widerstand gegen das Schlechte leichter. Wer verantwortliches Verhalten erfährt, übernimmt eher selber Verantwortung. Die Evolution der Liebe regt die Evolution des Gehirns an. Das ist gut für den Einzelnen, gut für die Gesellschaft, ja für die Menschheit. Nächstenliebe hat politische Auswirkungen.

Das Hirn wird so, wie jeder einzelne es benutzt

Der Mensch entwickelt sich als Person nicht automatisch, und nicht aus einem Tohuwabohu. Er braucht im ganz alltäglichen „Chaos" des Lebens eine gewisse Ordnung. Der Grund dafür wird in der Kindheit, in der Schulzeit, in dichtester Weise in den ersten drei Lebensjahren gelegt, zum Teil vielleicht sogar schon vor der Geburt. Das menschliche Gehirn reift im Gegensatz zum Tier langsam. Es hört aber auch nie auf, sich weiterzuentwickeln. Und der Anfang ist rasant. Die Anfangsbedingungen sind entscheidend und lassen sich später nicht mehr beliebig korrigieren. Die beste Schulbildung kann – selbst bei pädagogisch optimaler Rundumbetreuung etwa durch Ganztagsunterricht – später nicht ersetzen, was zu Beginn versäumt wurde. Allenfalls lässt sich mit nachträglicher Unterstützung mancher Schaden begrenzen. Gerald Hüther spricht von einer „immensen Revolution" der Hirnforschung, von einem Paradigmenwechsel: „Das Hirn wird so, wie jeder Einzelne es benutzt." Der Mensch kann Programme aufbrechen und neue entwerfen. Der Mensch entwirft sich selbst, aber mithilfe anderer, die ihm die notwendigen Voraussetzungen dafür mitgeben. Das Kind braucht daher für seine geistige Entfaltung auf jeden Fall den wirklichen Erwachsenen, den erwachsenen Erwachsenen.

Der Schlüssel zur Einübung ins erwachsene Wertebewusstsein ist Achtsamkeit. Darauf weisen inzwischen ebenfalls die Naturwissenschaftler hin. Es ist schon erstaunlich, dass in die Hirnforschung ein Begriff Eingang gefunden hat, der aus dem religiösen Leben kommt und eine wichtige Rolle spielt bei Meditation und Gebet. Rein hirnphysiologisch kann man nach Hüthers Erkenntnissen feststellen, dass ein Mensch im Zustand der Achtsamkeit das Drei- bis Vierfache an Gehirnschaltungen benutzt und aufbaut als in anderen Situationen.

„Das Tor zur Lösung von Problemen und Ausführung von Aufgaben ist die Aufmerksamkeit, das empfindliche Gleichgewicht zwischen zwei gleichzeitig ablaufenden Prozessen“[7], bestätigt der Berner Kinderarzt und Neurologe Norbert Herschkowitz. „Das Kind muss aufnahmefähig für Neues sein und gleichzeitig die unwichtigen Hintergrundinformationen herausfiltern oder aktiv ignorieren. Und es muss das über einen gewissen Zeitraum hinweg können. Aufmerksamkeit ist das Werk eines komplexen Netzwerks, das das ganze Gehirn umfasst … Dieses Netzwerk ermöglicht eine Verknüpfung von Motivation, Aufmerksamkeit und die Kontrolle von Handlungen. Das System entwickelt sich im Verlauf der Kindheit und bis in die Adoleszenz hinein“.

Dies ist wichtig nicht nur für ethische Belehrung. Gerade die religiöse Aufmerksamkeit und die Bindung an eine Glaubensgemeinschaft – zuerst in der eigenen Familie – befördert eine hohe Hirnzellenaktivität, das elektrische Feuern der Neuronen und deren stets neue Verknüpfung. Tatsächlich: Geist schafft Leben. Die mystische Erfahrung eines religiösen Geistes ist nicht gleichgültig für den Bauplan des Gehirns, nicht belanglos für dessen reichhaltige Entfaltungsmöglichkeiten. Die frühen sozialen wie religiösen Bindungen und Zuwendungen von Mensch zu Mensch bestimmen nachhaltig darüber, ob und wie das Leben im fortschreitenden Alter als sinnvoll erfahren wird. Die Fähigkeit zum existentiellen wie spirituellen Fragen begünstigt die Werteverinnerlichung und ist ein wichtiger Teil menschlicher Kompetenz, Teil der Hirnentwicklung. Die Fähigkeit zum Staunen, Ahnen, Denken, Hoffen und Glauben hilft, kulturelle Fähigkeiten zu entwickeln, um sich in der Welt zurechtzufinden und diese zu gestalten. Umgekehrt muss man befürchten, dass dauerhafte Ausfälle auf dem religiösen Feld bedenkliche Hirnentwicklungsstörungen verursachen können.

Sichere Mütter, sichere Kinder

Der Münchener Jugendpsychiater Karl-Heinz Brisch ist sich sicher, dass es im Zusammenspiel von Bindungsverhalten und Hirnentwicklung Generationen übergreifende Ursache-Wirkungs-Ketten gibt. Die Bindungserfahrung der Mutter in ihrer Kindheit befähigt zur Bindung ans eigene Kind: „Die sicheren Mütter haben mit hoher Wahrscheinlichkeit sichere Kinder.“[8] Das heißt nicht, dass sich die Erziehenden skrupulös ängstigen müssen, ob sie alles richtig machen. Die schlechthin perfekte Zuwendung gibt es nicht.

Auch Bindungsmängel in der Bandbreite maßvoller Schwankungen sind normal. Kinder können das durchaus ganz gut „wegstecken“. Aber es braucht ein zuverlässiges Grundmaß an Nähe und Berechenbarkeit. Verhängnisvoll ist die Sprunghaftigkeit von Eltern oder anderen engen Bezugspersonen, die emotionale Willkür, der abrupte Wechsel zwischen intensivster Zuwendung und kältester Ablehnung: wenn das Kind nicht weiß, woran es eigentlich ist. Ein Kind ist keineswegs nur schwach. Aber Kinder sind eben auch nicht nur stark, jedenfalls nicht so stark, sich die Bindung und Bildung selber zu geben, die ihnen ihre natürlichen Bezugspersonen versagen.

Vater – der notwendige Dritte

Auch die männliche Rolle – die des Vaters – wird inzwischen als wesentlich für die Hirnentwicklung des Kindes erkannt. Entscheidend ist, dass die geradezu symbiotische Verbindung von Mutter und Kind irgendwann aufgebrochen wird. Weil die männliche Gestalt als „dritte Person“ von außen her die innige Verbindung von Mutter und Säugling „aufstört“, erweitert dieses Geschehen immer auch die Perspektive des Kindes aufs Unbekannte, Fremde hin. Der Vater weckt Neugier. Er fördert die Bereitschaft, sich auf Unbekanntes einzulassen. Die Anwesenheit des „starken“ und „schützenden“ Vaters in der Nähe des spielenden Kindes hilft diesem auch, übertriebene Angst in Gefahrensituationen zu überwinden, gewisse Risiken mutig auszuprobieren und zu bestehen. Väter trauen ihren Kindern herausfordernde Unternehmungen oft eher zu als die in der Tendenz behütenden Mütter.

Der Münchener Familienforscher Wassilios E. Fthenakis[9] vermutet, dass die Fähigkeit, zwischen Sicherheit und Gefahr unterscheiden zu können, wesentlich durch die unaufdringliche Bindungsnähe der Väter vorgeprägt ist. Weil sich Väter außerdem weniger als Mütter auf den Sprachstil ihrer kleinen Kinder einstellen, erweitern sie durch die Forderung des Neuen wesentlich den Wortschatz des Nachwuchses. In der Polarität des Spiels zwischen Bindung und Herausforderung lernt der Mensch, sich auf andere Menschen einzulassen, ja sich ins Ganz-Andere vorzuwagen. Für die Werteerziehung ist der Vater mit seiner männlich lehrenden und fordernden Rolle neben der beschützenden weiblichen Rolle der Mutter immens wichtig. Der Vater befähigt zu einer kalkulierten Risikobereitschaft auch für Fremdes und zur Öffnung gegenüber Fremden. Das wird gesamtkulturell für moderne offene Gesellschaften immer wichtiger. Denn das Fremde tritt uns im multikulturellen Umfeld täglich gegenüber. Um damit angemessen umzugehen, braucht es das pädagogische Wechselspiel aus vertrauter Bindung und Wagnis zur Grenzüberschreitung.

Bis hin zur fremden Heimat Religion, ja zur fremden Heimat Christentum. Auch da ist erst einmal Raum zu schaffen für Neugier aufs Ungewohnte. Ohne Risiko, ohne Wagnis fürs Fremde gibt es keine Persönlichkeitsentwicklung, keine Kultur, keine Spiritualität, kein Glauben. Auch die Gottesfrage hängt davon ab, dass der Mensch überhaupt erst einmal Interesse an diesem Unbekannt-Fremdartigen aufbauen kann. So wie die Väter die Kinder der symbiotischen Einheit mit der Mutter entziehen müssen, damit sie fähig werden, sich eigenständig auf Neues und Unbekanntes einzulassen, braucht es ebenso die männliche Rolle der Väter in der religiösen Erziehung der Kinder. Auch bei der religiösen Erziehung müssen die Heranwachsenden aus einer allzu massiven symbiotischen Vereinnahmung durch die „Mutter Kirche" herausfinden können in die Weite des Glaubens, um das Fremdartige, das Anstößige, womöglich „Gefährliche" des Religiösen – auch des Christlichen – auszuprobieren.

Alle Bindung braucht Sinn

Ein in der Erziehung unterschätztes Problemfeld ist die Überbehütung des Kindes, die oft stattfindet, wenn es die Projektionsbedürfnisse seiner Eltern erfüllen soll. Dann wird es in Watte gepackt. Ihm wird jeder Wunsch erfüllt, noch bevor es sich überhaupt darüber fragend klar werden kann. Solche Überbehütung durch Über-Bindung ist – paradoxerweise – ein besonders schwerer Fall von emotionaler Bindungslosigkeit. Das rechte Maß aus Nähe und Distanz, Zuwendung und Forderung, Anbindung und Freisetzung wird dann nicht mehr gefunden.

Besonders dramatisch wird es, wenn die „Regulatoren des Wohlbefindens" ganz ausfallen. Das heißt: wenn Kinder von ihren Eltern überhaupt keine Liebe erfahren. Dann – so beobachtet die Göttinger Psychoanalytikerin und Kinderärztin Annette Streeck-Fischer – wird Gewalt zum „Liebesersatz oder besser Liebesobjekt ..."[10] Hass ist die natürliche „Gegenliebe" auf verweigerte Liebe.

Ein krasses Beispiel für Gewalt als Liebesersatz und als Ausgleich für verweigerte Anerkennung ist die sogenannte Ausländerfeindlichkeit, die verstärkt in Ostdeutschland zu beobachten war, inzwischen aber ebenfalls im Westen zugenommen hat. Viele Gründe wurden dafür genannt – von der Arbeitslosigkeit bis zu allgemeinen Frustrationen in der Nach-Wende-Gesellschaft, auch Langeweile. Im Geflecht der vielen Faktoren, die zum Werteverlust führten, lässt sich eines aber wohl nicht länger leugnen, was auch im Westen stärker wird: die geistige, die religiöse Leere. Die Bedrohung durch die Aussichtslosigkeit des sterblichen Lebens ist die stärkste Wurzel von Aggression und Verzweiflung unter jungen Leuten, eine „Krankheit zum Tode". Ein „volkstümlicher", banaler – nicht philosophischer – Atheismus, der nahe legt, mit dem Tod sei eben alles aus, schafft Frustration. Der Atheismus blanker Sinnlosigkeit frisst seine Kinder.

Dass es Gott, ein ewiges Leben für einen „vernünftigen Menschen" nicht geben darf, dass der Glaube eine Illusion und das irdische Leben absurd sei – das muss besonders junge Leute belasten, die voller Tatendrang in die Welt treten. Egal, was ich unternehme – am Schluss kommt der Tod, die Leere, das Nichts – nichts mehr? Hoffnungslosigkeit hat Folgen. Das kann einer Gesellschaft, die den Erziehungsnotstand überwinden will, nicht gleichgültig sein.

Mehr als Spaß, mehr als Lust: Lernen in Freizeit und Schule

Es ist an der Zeit, die gesellschaftlichen Schweigetabus über das, was unseren Kindern wesentlich gut tut, zu brechen und die Wahrheit offen anzusprechen. Der Erziehungswissenschaftler *Rainer Winkel* meint, entscheidend sei, die gehetzten Kinder „aus dem Veitstanz ihrer Ich-Kultur" herauszubringen. „Food, fun und fantasy", Essen, Spaß und Nervenkitzel seien zu den großen Heilsbringern unserer Erlebniskultur geworden. Doch der große Lebenshunger junger Menschen ist damit nicht zu stillen: „Wenn Leben sich reduziert auf Spaß, wo bleibt dann der Sinn?"[11] Dieser sei der Maßstab von Erziehung.

Winkel bedauert, dass sich unter den Erwachsenen eine Art erzieherischer Nihilismus ausgebreitet habe, der in Enttäuschungen wurzelt und die Kinder spüren lässt: „Es ist eh alles vorbei." Das Leben hat keinen Sinn, also genießt! Dagegen verlangt der Pädagoge, dass sich die Schule gegen die Spaßkultur wehrt und sich wieder der eigentlichen Bildungsaufgabe stellt. Bildung macht nicht nur Spaß. Sie verlangt emotionale wie rationale Auseinandersetzung, Disziplin. „Den Menschen über Bildung erst in die Welt zu setzen" – das sei die schulische Aufgabe. Dazu gehört wesentlich religiöse Bildung, was ein großes Problem ist, weil über die Hälfte der jungen Leute heute faktisch areligiös aufwächst und auch viele Lehrer der religiösen Frage distanziert bis blasiert gegenüberstehen. Eine moderne Schule hat aber nicht nur zur Aktivität, sondern auch zur Stille anzuregen, zum Schweigen, zu kontemplativ-nachdenklichen Grundhaltungen, zu den letzten Fragen.

Es gibt in dieser Hinsicht freilich durchaus viele positive Bemühungen. Zum Beispiel ist der klassische Fächerkanon zugunsten einer ganzheitlichen Erziehung erweitert worden: Projekttage und Projektwochen, Arbeitsgemeinschaften und Themengruppen prägen inzwischen vielerorts den Schulalltag. Man lernt in der Schulzeit nicht nur gemeinsam das Fachwissen, sondern repariert möglicherweise auch Fahrräder in einer eigenen Werkstatt, füttert Tiere im hauseigenen Zoo, legt einen Bio-Garten an, reinigt Bäche, spielt Theater, oder man läuft – gegen Kilometergeld von Sponsoren – für Straßenkinder in Kolumbien, Rumänien, Kenia oder sonst wo auf der Welt. Regelmäßige soziale Engagements, Besuche in Behindertenwerkstätten, Nachmittage in Pflegeheimen, Hilfen in Krankenhäusern gehören da und dort schon mit zum Jahres-Stundenplan.

Ausgehend von einer Idee im Erzbistum Freiburg zieht das schulische „Lernfach" *Compassion* – im Sinne eines Mit-Engagements im Mitfühlen und Mitarbeiten durch Werke der Barmherzigkeit – inzwischen seine Kreise in etlichen Bundesländern. Sogar die fremde Welt Religion – die tägliche Übung von Spiritualität, Gebet, Askese – bleibt im schulischen Leben nicht mehr gänzlich „außen vor". Vermehrt besuchen engagierte Lehrerinnen und Lehrer mit ihren Schülerinnen und Schülern Gotteshäuser, verbringen miteinander Tage im Kloster, nehmen teil am Beten und Arbeiten streng kontemplativer

Ordensgemeinschaften, gehen miteinander auf „Wallfahrt" zu Kirchentagen und Jugendtagen. In solchen Unterrichts-Initiativen, welche die persönliche Spiritualität aktiv in die Erziehung miteinbeziehen und eine Persönlichkeitsentwicklung auch auf andere, verdrängte Dimensionen hin fördern, zeigen sich die interessantesten und innovativsten schulischen Neuaufbrüche der Gegenwart, höchst wertvolle Ansätze für eine Schule der Zukunft.

Der Pädagoge Hartmut von Hentig ist davon überzeugt, dass Schule mehr und mehr zum breiten Lebens- und Erfahrungsraum der Kinder und Jugendlichen wird. Sie muss zunehmend sozial ausgleichend wirken, wenn zum Beispiel die häusliche Erziehung versagt oder Kinder weitgehend allein, ohne Geschwister, aufwachsen. Was die Kinder anderswo nicht oder nicht mehr erleben können, sollen sie sich in der Schule wenigstens ein bisschen aneignen können. Neben analytischer Kompetenz sollen sie soziale und kommunikative Fähigkeiten erwerben.

In frühen Phasen der Menschheitsgeschichte lernte man durch unmittelbares Erleben. Jagdgesellschaften übten ihren Nachwuchs durch Jagen, Ackerbaugesellschaften durch Ackerbau, Viehzuchtgesellschaften durch Viehzucht ins Erwachsenwerden ein. Religion lernte man ebenfalls durch Religion, durch Anschauung, Prüfung, Initiation, vor allem durch regelmäßige Teilhabe am Kult.

Schon in der europäischen Antike, im Mittelmeerraum, ist der enge Zusammenhang von Belehrung und Übung, Unterricht und Praxis freilich aufgelöst worden. Die wissenschaftliche Revolution der Neuzeit vollendete die Rationalisierung und Intellektualisierung des Wissenserwerbs. Sie holte sogar die Naturgesetze durch das Experiment von draußen ins künstliche Labor drinnen. In dem Maß, in dem sich Leben und Schule voneinander entfremdeten, versucht man nun, die Wirklichkeit, wie sie ist, stärker in den Lehrplan zu integrieren. Nach Hartmut von Hentig erleben wir gegenwärtig den Übergang sogar schon in eine weitere Phase: „Die Schule wird viele ihrer Tätigkeiten an das Leben zurückgeben. Die Grenzen zwischen Lernen in der Schule und Lernen am Leben werden wieder verwischt.“[12]

Die Schule des 21. Jahrhunderts wird sich verstärkt als Lebens- und Erfahrungsraum, als ein Beziehungsraum jungen Menschen anbieten. Das könnte helfen, auch für andere Lebensbereiche Bindung und Bildung neu anzuregen. Selbstverwirklichung braucht Fremdverwirklichung, Selbsterfüllung braucht auch Hingabe und Opfer. Das neue pädagogische Lehr- und Lernprogramm ist auf die Schule nicht zu begrenzen. Möglicherweise findet es in der Gesellschaft bereits viel mehr Rückhalt, als es uns auf den ersten Blick im vermeintlich kalten kapitalistischen Produktions- und Konsumstil erscheint. Gilt wirklich nur noch das „Mehr, mehr“? Oder nicht doch längst schon ein „Anders, anders“?

Und nach der Single-Kultur?

Nicht wenige Trendforscher meinen, dass die reine Selbstverwirklichungs-Single-Kultur, die festere Bindungen als Nachteil fürchtet, ihren Höhepunkt schon überschritten hat, jedenfalls unter nachdenklichen jungen Leuten. In allen entsprechenden Umfragen unter dieser Gruppe nehmen gute Beziehungen, familiäre Bindungen den höchsten Stellenwert ein, ebenso der Wunsch nach eigenen Kindern. Der Freizeitforscher Horst Opaschowski vermutet: „Irgendwann hört der Spaß auf, wenn die Sinnfrage unbeantwortet bleibt.“ Der Trend zur Individualisierung kehre sich allmählich bereits um. Die Mehrheit der jungen Leute entdecke wieder Werte wie Beständigkeit und Verlässlichkeit. Die Ansicht: „Man kann auch ohne Ehe, Kinder und Familie glücklich sein“, finde bei der jüngeren Generation immer weniger Anhänger. Freilich gilt auch da, dass Theorie und Praxis, Bedürfnis und Wirklichkeit auseinander klaffen. Wie aber findet man einen verbindlichen Lebenssinn, wenn doch das Individuum des 21. Jahrhunderts einer Vielfalt von Wahlmöglichkeiten gegenübersteht. Da fällt es schwer, aus der Fülle das Geeignete auszusuchen und sich festzulegen.

Die Baseler Journalistin Elsbeth Tobler bemerkt: „Wo früher verbindliche Traditionen und moralische Instanzen Orientierung stifteten, muss heute in einem Wertepluralismus mit dem Druck aus selbstverantworteten Entscheidungen, Neuentscheidungen und Nichtentscheidungen gelebt werden. Fest steht: Arbeit und Beruf werden immer wichtiger. Viele Frauen und Männer wollen auch erst einmal ihre gute Bildung und Ausbildung nutzen, bevor sie sich privat festlegen. Wenn der Beruf es verlangt, wird nicht nur die Arbeitsstelle, sondern auch der Wohnort gewechselt. Eine mögliche Folge: Menschen können so schwer Wurzeln schlagen.“[13] Aber sie wollen Wurzeln schlagen. Und sie suchen wieder nach einer inneren Heimat, nach Identität in der Vielfalt der Lebensmöglichkeiten.

So beobachtet der Baseler Soziologe Ueli Mäder unter jungen Erwachsenen, die in einer festeren Partnerschaft und im Beruf ihre ersten positiven wie negativen Erfahrungen gesammelt haben, ein wachsendes Bedürfnis nach Sinn, nach verbindlichen Werten, nach verlässlicher Zweierbeziehung, nach echter Geborgenheit und Treue, die helfen, „dass die Menschen Höhen und Tiefen im Leben bewältigen können“. Auf die „Single“-Kultur, in der Selbstbehauptung, rationale Berufs- und Karriereplanung besonders wichtig waren, folge wieder eine neue „Gefühlskultur“: „Ganz pragmatisch steht heute den Menschen offenbar der Sinn wieder vermehrt nach Dingen, die knapp sind. In schlechten Zeiten vor allem nach etwas, was die Seele wärmt – auch auf der Ebene persönlicher Beziehungen. Wo einst individuelle Freiheit als oberste Maxime der Moderne galt, gibt es heute eine Gegenbewegung hin zu mehr individueller Bindung.“[14]

So viel Bindung braucht der Mensch: dass er über die Geschäftigkeit des Tages hinaus einen Sinn findet, der auch durch die Nächte des Daseins trägt. Verlässliche persönliche Beziehungen sind dafür ein guter Grund. Sie ermöglichen die Wiederentdeckung vertrauter und Vertrauen erweckender Werte. Das ist aber nur ein Anfang. Auf einer weiteren Ebene kann eine neue Offenheit für Religiöses folgen, gerade dann, wenn junge Leute eigenen Nachwuchs bekommen.

3 Menschenrecht auf Religion

Alle Jahre wieder

Das größte Fest der Bindung in unserem Kulturkreis ist und bleibt: Weihnachten. Die Wochen davor sind zu einer Art Hoch-Zeit der Gefühle geworden, ganz besonders in jungen Familien. Auch jene Eltern, die dem Christentum weitgehend distanziert gegenüberstehen, wollen sich und ihren Kindern die anheimelnde Atmosphäre jener Tage nicht vorenthalten. Der Advent heißt zwar inzwischen Vorweihnachtszeit und das Christus-Kind Weihnachtsmann, aber das Kind in der Krippe, die Hirten, die das neugeborene Leben nicht nur anbeten, sondern auch bewachen, sowie die Engel, die vom Himmel her ihre schützenden Flügel über das Baby ausbreiten und die mit Engelsmusik alles in einen feierlichen Klang tauchen, gibt es weiterhin.

Je rauer und gehetzter die Menschen das Leben empfinden, umso mehr sehnen sie sich nach Wärme und Beschaulichkeit. Die sommerliche „Flucht" in den Urlaub und die vielen „kleinen Fluchten" in die Wochenenden können jenen dichten und alle zwölf Monate einmaligen Augenblick der Sehnsucht und des Träumens nicht ersetzen, jedenfalls nicht der Mehrheit der Bevölkerung unseres Kulturkreises. So erwarten die Menschen Jahr für Jahr am 24. und 25. Dezember die Hoch-Zeit der Gemütlichkeit – und sei es nur für wenige Stunden. Davon leben viele emotional ein ganzes Jahr. Von Weihnachten her kommen wir, auf Weihnachten hin gehen wir. Sobald die Tage wieder kürzer und die Nächte länger werden, immer dann, wenn der Kirchenbesuch im Jahresrhythmus auf ein Minimum geschrumpft ist, beginnt insgeheim schon die Vorbereitung aufs große besinnliche und sinnliche Fest. Gleich nach den Sommerferien tickt diese innere Uhr lauter, obwohl jeder weiß, dass Weihnachten auch das nächste Mal wieder genauso unvollkommen ausfallen wird wie immer, dass es nie die inneren Wünsche richtig erfüllt.

Der Journalist Matthias Morgenroth bezeichnet diese Zielrichtung in unserem „spirituellen" Biorhythmus, der von Bindung zu Bindung, von Geborgenheit zu Geborgenheit strebt, als „Weihnachtsreligiosität"[15]. Sie markiert einen äußeren wie inneren Spannungsbogen, der den religiösen Bezug nicht ganz leugnen kann. Dabei steht allerdings nicht – wie es eine christliche Perspektive nahe legen würde – „Ostern, nicht Karfreitag, nicht die Geschichte von der Überwindung des Todes, der Sünde ... im Vordergrund ..., auch nicht das ausgefeilte mittelalterliche Dogmensystem des Opfertodes Christi, der Rechtfertigung und des Zugangs zum Heil durch Teilnahme am Abendmahl. Sondern die Geschichte vom Kommen Gottes, von der Begegnung Gottes mit der Welt, vom rettenden Kind, von der Krippe, dem Vorbild Jesus, der zeigt, wie Gott und Mensch zusammenkommen, hier, diesseits des Himmels."[16] Der alte christlich-theologische Satz, dass Gott Mensch wird, damit der Mensch vergöttlicht, ja Gott werde, findet in der Bevölkerung allenfalls im ersten Teil eine gewisse Zustimmung. Das Göttliche – was immer das sei – zeigt sich menschlich. Ob aber das Menschliche göttlich werden kann – wie es biblisch heißt: gerettet durch den Kreuzestod und die Auferweckung Jesu Christi auf ein ewiges Leben hin, durch eine allgemeine Auferstehung der Toten – das bleibt in der weihnachtlich rückwärtsgewandten Privat-Mystik der Erinnerung an Geburt und Kindheit anders als in der österlich vorwärts gewandten Hoffnung auf Erlösung aus dem Tod vage.

Auf eine gute Zukunft ewigen Lebens möchten die Menschen weniger setzen. In einer Zeit, in der die Vergangenheit im beruflichen und öffentlich-politischen Leben rasch aus dem Gesichtsfeld verschwinden muss, weil man ständig hellwach, mobil und flexibel in der Gegenwart leben soll, bekommt die private Vergangenheitsorientierung, die dem Menschen Halt und gefühlvolle Bindung schenkt, einen wichtigen Platz in der Seele.

Das Religiös-Kirchliche wird im Umfeld des weltlichen Weihnachten keineswegs völlig ausgeklammert. Es gehört irgendwie mit dazu. Es rührt das Gemüt. Während viele Pfarrgemeinden ihre sonntäglichen Gottesdienste nur noch mit einem Rumpf-Publikum feiern, in dem die mittlere und jüngere Generation weitgehend fehlt, kommen an Weihnachten genau diese Altersgruppen in Scharen, um Krippenspielen zuzuschauen oder eine Familien-Christmette zu erleben. Die ungebrochene Faszination dieses Kirchenfestes als wichtigstes „Volksfest" für Glaubende, weniger Glaubende und Nicht-Glaubende hat noch ein Geheimnis.

Volkskundler erklären dies mit dem wachsenden Bedürfnis nach Brauchtumspflege. Der Mensch, der die alten sozialen und religiösen Bindungen verloren hat, wünscht sich dennoch weiterhin eine gewisse Geborgenheit in einer größeren Traditionsgemeinschaft. In einer dem persönlichen Schicksal gegenüber kühl-teilnahmslosen Gesellschaft, in der jeder auf sich selber angewiesen ist, kann man nicht wirklich leben. Zum Glück gibt es in unseren geographischen und kulturgeschichtlichen Breiten weiterhin eine natürliche öffentliche Institution, die einfach da ist für jedermann und jedefrau: die Kirche. Keine andere soziale Einrichtung reicht – bisher jedenfalls – auch nur annähernd an diese gesellschaftlich selbstverständliche Präsenz des organisierten Christentums heran, selbst wenn sein geistiger Einfluss und seine politische Macht dahingeschwunden sind. Der Mensch wünscht sich auch als Einzelwesen im Zeitalter des Individualismus eine kollektive öffentliche Festlichkeit, die tiefer dringt, die das Herz im Innersten anrührt und die geheimsten Sehnsüchte in Schwingung bringt.

Die einst rebellische jüngere Generation, die jetzt in die Jahre kommt, fragt sich, was ihr für den Rest ihres bisschen Lebens noch bleibt. Sie ahnt wieder, dass sie manches in den Phasen von „Sturm und Drang" womöglich übersehen hat. Irgendwann steht jede und jeder vor der Einsicht, dass man mit bloßem Aktivismus und purer Selbstverwirklichung längst nicht das Entscheidende erreicht hat, dass einem immer noch etwas fehlt: Wesentliches. Was aber ist das? Jedenfalls möchte der Mensch in solchen Augenblicken zweifelnder Anwandlungen mit seinem ganzen Leben nicht fertig sein, noch nicht. Und mancher beginnt dann vielleicht sogar, am eigenen jahrelangen religiösen Zweifeln zu zweifeln.

Die biologischen Faktoren von Geburt, Jugendlichkeit, Altern und Tod spielen ebenfalls in die da aufkeimende „natürliche Religiosität“ hinein. An Weihnachten kommt auffällig die biologische Komponente des Geborenseins des Menschen mit ins Spiel. Verhaltensforscher sprechen vom „Kindchen-Schema“. Ob Tier- oder Menschenkinder: Sie sind immer süß, nett, herzig, unschuldig – jedenfalls ganz das Gegenteil grausamer Aggressivität und erwachsener Verdorbenheit, der wir ansonsten Tag für Tag ausgesetzt sind. In seiner Unbeholfenheit und Tapsigkeit weckt der Nachwuchs – egal ob beim Tier oder beim Menschen – unsere Beschützerinstinkte, den Brutpflegetrieb. In den Kleinen liegt Zukunft, Zukunft auch angesichts der eigenen Sterblichkeit. In ihn projizieren wir hinein, was wir selbst nicht schaffen, nicht leisten konnten.

Kinder sind und bleiben stets ein symbolisch großer Traum von Zukunft, von einem – noch – besseren, von einem unendlichen, göttlichen Leben. Nirgendwo sonst wird dieser Traum in unserer Kultur derart ausgiebig und formvollendet inszeniert wie an Weihnachten, mit dem unbarmherzig von kaltherzigen „Herbergsvätern“ abgewiesenen, in die Natur der Wildnis ausgesetzten Kind in der Krippe, das klein ist und ohnmächtig, das sich aber, von engelhaftem, von göttlichem Lichtglanz aus einer anderen Dimension bestrahlt, am Ende als groß, bedeutungsvoll und mächtig erweisen wird. „Ein Kind verändert das Leben, ein Kind verändert die Welt“, sagte einmal der evangelische Bischof Klaus Engelhardt. Ist Weihnachten nichts anderes als das Fest einer biologisch gut erklärbaren Rührseligkeit und Melancholie?

Wunder des Anfangs: Leben aus dem Nichts

Jeder Anfang ist ein Rätsel, voller Zauber, „Magie" und Unschärfe. Der Mensch weiß nie, wo genau und wann ein Anfang wirklich anfängt. Das eigene Vorstellungsvermögen gerät an die Grenzen der Logik. Doch das menschliche Gehirn hört an den Grenzen der Vorstellungskraft trotzdem nicht auf zu arbeiten. Gerade das, was in den üblichen Schemata nicht zu verstehen ist, drängt zu weiterem Verstehen. Jede Person kann dann beginnen, erweiterte Fähigkeiten zum inneren Schauen an sich zu entdecken oder sie für sich zu entwerfen. Da eröffnen sich womöglich sogar neue Möglichkeiten zum religiösen Glauben. Das geschieht – selbst wenn es dem Einzelnen überhaupt nicht bewusst ist – bei jungen Eltern im natürlichen Umfeld von Weihnachten gar nicht so selten. Sie werden in eine religiöse Sphäre an der Grenze des Lebens getaucht, in die Atmosphäre eines nicht wirklich rational verstehbaren Anfangs, durch das sinnliche Erleben von Sexualität, Fruchtbarkeit, Zeugung, Schwangerschaft, Geburt. Wo vorher nichts war, ist alles geworden: ein Kind.

Dieses überwältigende Ereignis eines mysteriösen, doch ganz realen Wunders kann sich Jahr für Jahr an Weihnachten gesamtgesellschaftlich ausdrücken. Es kann in einem „ewigen Geburtstag" öffentlich gefeiert werden. Dieses Kind in der Krippe, das ist irgendwie auch mein Kind! Mehr noch: Das bin irgendwie ich selber! Etwas ganz Neues, Unbegreifbares, Mysteriöses ist ins Leben getreten. Aus der Zweisamkeit einer Paarbeziehung bricht plötzlich unvermittelt ein Drittes in unsere selbstgenügsame Welt ein und wirbelt sie durcheinander. Trotz neunmonatiger intensiv erlebter Schwangerschaft und unzähliger Geburtsvorbereitungskurse trifft dies die Eltern, wenn es auf einmal geschieht, dann doch irgendwie „unvorbereitet". Es ist immer anders, als man denkt. Der „schwangere" Vater ist nach der Geburt fast noch mehr gerührt als die Mutter. Tränen fließen im Kreißsaal überwiegend aus väterlichen Augen. Der Mann ist seelisch in diesem Moment heftiger „entbunden" als die so lange körperlich mit dem Kind verbundene Frau.

Wir sind aufgeklärt. Wissenschaftlich-medizinisch wissen wir über die körperlichen, hormonellen, genetischen Abläufe „alles". Sex ist normal, nichts ist ungewöhnlich. Die Zeugung ist die natürlichste Sache der Welt. Aber dann plötzlich doch dies: Das Wunder einer Schöpfung aus dem Nichts! Das Wunder – des Glaubens liebstes Kind? Kein Wunder ist es, wenn sich in solchen Augenblicken wieder Gefühle regen, auch spirituelle Gefühle, die den Einzelnen überwältigen. Die Akteure der Zeugung werden als Zuschauer der Geburt von dem Ereignis ergriffen und denken dann plötzlich doch oft sehr unmittelbar, voller Staunen: „Gott" – wie ist das groß! Es gibt also doch Dinge zwischen Himmel und Erde, die ich mir so eigentlich nicht vorgestellt habe. Ein ganz neues Wesen. Trotz aller genetischen Machbarkeit im letzten von Vater und Mutter nicht machbar. Ein Nicht-Ich, ein Nicht-Du. Weder einfach ein „Abkömmling" des Partners, noch ein „Abkömmling" der Partnerin. Vielmehr: etwas ganz anderes, ein Es-selbst, ein eigenes Ich-selbst.

Was liegt näher, als im Fest einer „Gottesgeburt" die unvergleichliche, nicht minder außergewöhnliche Menschengeburt rituell in jahreszeitlicher Wiederholung zu begehen, das Göttliche des Menschlichen. Das Staunen über die menschliche Fortpflanzung wie über das gesamte Geheimnis der Schöpfung kennt dabei keine Grenzen. Liturgie, Lieder, Lichter, Geschenke, Geschichten und Gebete helfen, das Ganz-Große zu feiern. Dann kann es sogar geschehen, dass etwas aufbricht von dem, was über das Bekannte hinausweist. In jeder Geburt liegt nicht nur der Zauber des Mysteriösen, sondern vor allem der Zauber des Ewigen. Völlig unvermutet kann bei dieser Gelegenheit eine Frage aus der Tiefe des Unbewussten wieder auftauchen: Gibt es das Erhabene, das Göttliche, Gott vielleicht doch?

Wenn Eltern von Kindern religiös überrascht werden

Hunderte von Generationen haben seit der Entstehung des Homo sapiens an das Göttliche beziehungsweise an Gottheiten geglaubt. Im Lauf einer langen Menschheitsgeschichte haben sich die Religionen herausgebildet, ständig verwandelt und weiterentwickelt. Dass inzwischen vor allem in unserem Kulturkreis große Teile der Bevölkerung nicht mehr wie unsere Vorfahren an Gott glauben, ändert nichts an den religiösen Erschütterungen, die jeden genauso unvermutet neu treffen können. Vor allem die blitzartig auftauchende Ergriffenheit: Warum eigentlich ist überhaupt etwas und nicht vielmehr nichts? Wo war ich, als ich noch nicht war? Wo werde ich sein, wenn ich nicht mehr sein werde? Und warum sind plötzlich Kinder da, wo vorher nichts war? Mit jeder Menschengeburt beginnt eine weitere Unruhe über das Geheimnisvolle von Sein und Werden, Vergehen und Kommen.

Die Unsicherheit in religiösen Dingen bedrängt erwachsene Leute – vor allem junge Eltern – inzwischen weitaus stärker, als viele es sich eingestehen. Die erste Reaktion, wenn man spirituelle Regungen an sich entdeckt, ist: Nein, das kann nicht sein! Es folgen oftmals Versuche, das alles schnell zu verdrängen. Nicht wenige Eltern werden dann aber doch wieder aus der selbst gemachten Behaglichkeit gerissen, manchmal sogar peinlich berührt, wenn der eigene Nachwuchs unvermittelt nach Gott fragt: womöglich draußen, in der U-Bahn, auf dem Spielplatz, beim Abendessen mit guten Freunden, die über Religiöses ebensowenig sprechen wollen wie man selbst. Auf einmal gibt es kein Ausweichen mehr.

„Kann Gott zaubern?“ „Was tut er in der Nacht?“ „Ich sehe Gott nicht – Kann er sich selber sehen?“ „Was macht Gott, wenn ihm langweilig ist?“ „Betet Gott?“ „Wird Gott nass, wenn es regnet?“ „Wo ist von der toten Oma jetzt das, was sie lebendig gemacht hat? …

Eltern, die sich im Lauf der Jahre mit den religiösen Entdeckungsreisen ihrer Kinder auseinandersetzen müssen, merken rasch, dass alte Antworten ihnen in solchen Augenblicken nur noch wenig helfen. Sie merken auch, dass es den Kindern und ihrer Identitätsentwicklung nicht gut tut, sie ausgerechnet im religiösen Bereich zum Schweigen zu zwingen. Im Unbewussten des Kindes arbeiten seine Fragen ständig weiter. Denk- und Sprechverbote rächen sich irgendwann. Ein Kind hat das Recht, frei zu sein, frei und unzensiert zu formulieren, was es wissen will, auch in „frommen Dingen". Es hat ein Recht auf ehrliche Antworten. Das religiöse Alphabet unterscheidet sich nicht vom gewöhnlichen Alphabet. Wer lesen und schreiben will, muss zuvor das Buchstabieren lernen. Auch alles religiöse Buchstabieren beginnt mit Schauen, Nachahmen, Ausprobieren. Es gehört wesentlich zum Erwachsenwerden. Es verlangt die Bereitschaft der Erwachsenen, sich darauf einzulassen.

Möglicherweise hinkt in dieser Hinsicht Europa den Vereinigten Staaten doch um etliche Jahre hinterher. Denn in Europa haben viele Wertestudien der achtziger und neunziger Jahre ergeben, dass religiöse Erziehung nur noch von Minderheiten der Eltern als wichtig beurteilt wird. In den USA, in der Neuen Welt, waren die neuen Väter und neuen Mütter da schon weiter. Die Journalistin Martha Fay beschreibt den Stimmungswandel gegenüber dem emanzipatorischen Aufbegehren gegen alles Religiöse, wie es sich in den sechziger Jahren durchsetzte, so: Die heutigen Eltern stehen vor den neuen-alten Fragen ihrer Kinder. „Die eigene Kindheitsreligion, meine eingeschlossen, war Teil der eigenen Geschichte, aber nur selten der Gegenwart … Freundinnen, die Mitte Dreißig ihre ersten Kinder bekamen, sprachen unablässig über Schwangerschaftskurse, darüber, ob sie weiterhin arbeiten sollten oder nicht, über Probleme und Schrecknisse der Säuglingspflege und Kinderbetreuung im Alltag, über Wohnungen, die zu klein, oder Ehemänner, die zu wenig hilfsbereit waren. Aber sie sprachen nicht über die spirituellen Pläne, die sie für ihre Kinder hatten."[17] Religion war tabu. Das hat sich geändert. Und es scheint sich bei nachdenklichen jungen Eltern auch in Europa allmählich zu ändern.

Wenn die Kinder ihre Eltern mit religiösen Fragen bedrängen, wachsen mit der pädagogischen Unsicherheit die Zweifel am eigenen Lebensweg. Ob man besser religiös erzieht, religiös erziehen lässt oder jede religiöse Einmischung ablehnen sollte – die Meinungen darüber sind unter den Eltern, Verwandten und Freunden geteilt. Nicht-Gläubige zum Beispiel bejahen mittlerweile sogar wieder religiöse Erfahrungen ihrer Kinder, begrüßen sogar eine ausdrückliche religiöse Unterweisung in Kindergärten oder kirchlichen Schulen, ja verlangen diese. Gläubige Christen wiederum wirken da manchmal viel gehemmter. Sie lehnen zum Beispiel religiöse Erziehung als Scheinheiligkeit ab. Junge Eltern, die ohne Religion aufgewachsen sind, bedauern ihre Unwissenheit auf diesem Gebiet. Christlich erzogene Eltern wiederum sehen sich selbst als gebrannte Kinder ihrer Religion und möchten ihre Nachkommen davor bewahren. Religiös Distanzierte reagieren manchmal sogar viel offener als Kirchgänger auf die erste religiöse Unruhe der Kinder.

Das Hamburger Nachrichtenmagazin „Der Spiegel" hat entsprechende Erfahrungen junger Familien bestätigt. Sie legen zum Beispiel wieder großen Wert auf ein Abendritual mit den Kindern. „In vertrauter Runde gestehen Eltern sogar, auch wieder das Abendgebet eingeführt zu haben, sich dabei aber ähnlich hilflos zu fühlen wie beim Absingen der Volkslieder – sie selbst sind weder mit dem einen noch mit dem anderen aufgewachsen."[18]

Wozu Gott?

In den bewegten Wende-Tagen des November 1989 verabschiedeten die Vereinten Nationen eine Kinderrechtskonvention. Die Öffentlichkeit interessierte das seinerzeit nicht. Zu aufwühlend war der Mauerfall, zu aufregend waren die Ereignisse in der Mitte Europas. Noch zweieinhalb Jahre dauerte es, bis die Bestimmungen für Deutschland Gesetzeskraft erlangten: am 5. April 1992. Doch selbst heute schrecken die dort formulierten Einsichten kaum die Eltern auf. Dabei werden die UNO-Vorgaben vor allem in einem Punkt bei uns massiv verletzt. Artikel 27 sagt: „Die Vertragsstaaten erkennen das Recht jedes Kindes auf einen seiner körperlichen, geistigen, seelischen, sittlichen und sozialen Entwicklung angemessenen Lebensstandard an." In die amtliche Übersetzung hat sich allerdings ein gravierend sinnentstellender Fehler eingeschlichen. Im englischen Original ist die Rede von „spiritual development", von „spiritueller Entwicklung". Gemeint ist damit das Recht des Kindes auf Spiritualität, auf religiöse Entfaltung und Erziehung. Im Deutschen wurde das abgeschwächt auf „seelische Entwicklung" und somit verharmlost. Offenbar fürchtete man, klar zu sagen, was klar gemeint ist. Kinder haben ein Menschenrecht auf Religion! Und ihre Eltern, ihre Erzieherinnen und Erzieher, ihre Lehrerinnen und Lehrer haben die Menschenpflicht, die ihnen Anvertrauten zur Religion zu erziehen.

Der evangelische Tübinger Religionspädagoge Friedrich Schweitzer hat auf diese besondere Form von Menschenrechtsverletzung wiederholt aufmerksam gemacht. Die Wortverdrehung sei wohl ein Grund, warum das Recht des Kindes auf Religion gerade in Deutschland so unbekannt blieb. Dabei werden in jenem gesetzlich verbindlichen Text die Aufgaben deutlich benannt: „Es ist in erster Linie Aufgabe der Eltern oder anderer für das Kind verantwortlicher Personen, im Rahmen ihrer Fähigkeiten und finanziellen Möglichkeiten die für die Entwicklung des Kindes notwendigen Lebensbedingungen sicherzustellen."[19] Damit ist nicht nur Geld gemeint, sondern Geist – der Wille, auf religiösem Gebiet erzieherische Vollmachten zu erwerben und unter den Kindern die für ihre allgemeine Entwicklung höchst bedeutsame religiöse Kompetenz zu wecken.

Jeder möchte das Beste für sein Kind. Nur im Besten, in dem, was den Menschen unbedingt angeht, in der Gottesfrage, handeln wir zu oft leidenschaftslos und ablehnend. Doch ist – so Schweitzer – „religiöse und ethische Erziehung in der Kindheit keineswegs weniger wichtig ... als beispielsweise Frühgymnastik, frühes Fremdsprachenlernen oder Frühmathematik". Kinder brauchen die Chance zu einer Entwicklung auf den verschiedensten Gebieten der Welterfahrung. Dazu gehört wesentlich: der Glaube, die Religion.

Kinder sind keineswegs so naiv, wie man manchmal meint. Sie ahnen oft mehr, als sie ausdrücken können. Und manchmal bringen sie die Paradoxien des Daseins viel genauer auf den Punkt als die Erwachsenen. Auch in religiöser Hinsicht gibt es das „kompetente" Kind. Aber es braucht Anregung und Unterstützung, um zu sagen, was niemand aus seinem Umfeld zu sagen wagt. So fordert Schweitzer: „Stärker als bislang in der Forschung betont, sollte ... die Rolle des fragenden, suchenden, also *aktiven* Kindes in die Untersuchung einbezogen werden. Religiöse Familienerziehung verläuft nicht in nur einer Richtung von den Eltern auf die Kinder!" Das verlangt von der Erziehungswissenschaft wie von den populären Ratgebern, Religion zum Thema der Erziehungsverantwortung zu machen.

Kinder brauchen nicht nur irgendetwas Religiöses, sie brauchen „gute" Religion. Diese fällt nicht vom Himmel, auch in der Erziehung nicht. Religiöses Lernen ist wie jedes Lernen ein lebenslanger Prozess mit Horizonterweiterungen, Krisen, Korrekturen. Ohne religiöses Reifen bleibt der Mensch in einem entscheidenden Bereich des Lebens unreif – und womöglich auch auf etlichen anderen Feldern. Wie immer man für sich selber die Gottesfrage entscheidet, ob man an Gott glauben möchte oder lieber nicht – als Motor der Auseinandersetzung mit dem Leben ist und bleibt das Religiöse der Dreh- und Angelpunkt der Existenz und der Persönlichkeitsentwicklung.

Der Kinder- und Jugendpsychiater Gunther Klosinski bestätigt die ungeheure Entwicklungsdynamik, die an die religiöse

Frage gekoppelt ist und den Heranwachsenden wie den Erwachsenen ständig stimuliert, sich weiter zu entwerfen. Eine lebendige Religiosität treibt das Leben voran. „Religiöse Vorstellungen und Gottesbilder sind Teil eines sich stetig wandelnden Weltbildes auf den unterschiedlichsten Entwicklungsstufen ... Religiosität wurzelt im Grundvertrauen, das der Säugling am Anfang seines Lebens aufbauen muss: Es ist das Vertrauen in ein Versorgt- und Gehaltenwerden, die Hoffnung auf eine bedingungslose Annahme bei totaler Abhängigkeit von der Mutter und den Hauptbezugspersonen. Auch bleibt ein in der frühen Kindheit erfahrenes beziehungsweise erworbenes Grundvertrauen später in Form einer Sehnsucht nach einem größeren Gegenüber, das Schutz und Geborgenheit verleihen kann."[20]

Inzwischen ist nachgewiesen, dass positive Elternerfahrungen dem Kleinkind helfen, positive Gotteserfahrungen zu bekommen. Umgekehrt drohen – wie man aus tragischen Glaubensgeschichten weiß – kirchlich oder religiös erzeugte Neurosen, wenn ein strafender Über-Gott die erzieherische Szenerie beherrscht. Freilich lernt der Mensch schon als Kleinkind, dass das Leben nie nur gut ist, dass die Eltern nie perfekt sein können. Vieles im Leben ist gebrochen, tragisch, paradox. Gott selbst ist „widersprüchlich", jedenfalls in den Bildern unserer Logik, die das Göttliche nie begreift. Auch diese Erfahrung gehört zu einer gesunden Persönlichkeitsentwicklung. Eine sensible religiöse Erziehung kann helfen, das Dunkle zu integrieren. Das Gottesbild ist durch Enttäuschungen und existentielle Krisen hindurch zu weiten, aus infantilen Wunschvorstellungen zu befreien. Gott geht in den Projektionen unserer Träume und Bedürfnisse nicht auf.

In der Pubertät wird es besonders wichtig, dass die Jugendlichen in ihrem Zweifel über Gott und Welt nicht im Stich gelassen, sondern ermutigt werden, sich durch Sinnlosigkeit zum Sinn durchzuarbeiten, inmitten der Polarität von Liebe und Leid, Lust und Schmerz, Leben und Tod. Der religiöse Zweifel ist notwendig, um religiös weiterzukommen, um vom Kinderglauben zu einem Erwachsenenglauben zu finden. Klosinski: „In der Pubertät und Adoleszenz bekämpfen sich Wissen und Glauben als unvereinbare Aspekte. Aufgabe des reifen Adoleszenten ist es dann, sie wieder zusammenzuführen im Sinne einer Ergänzung."

Österliche Perspektive

So wie sich ein Immunsystem organisch stärkt, wenn es mit Krankheitserregern in Berührung kommt, so kann ein Mensch, der negativen Lebens- und Glaubenserfahrungen ausgesetzt ist, gerade dadurch seine seelische Gesundheit verbessern und geistige Widerstandskräfte wecken. Wer zum Beispiel durch eine lange Nacht der Gottesfinsternis und des Gotteszweifels gegangen ist und darüber seine Hoffnung nicht verliert, sondern stimuliert, der wird seine Existenz auch in tiefer Not eher bewältigen können. Glaubende Menschen sind nicht weniger angefochten als Nicht-Glaubende. Der Schmerz am Dasein, die Verzweiflung kann sogar noch unbarmherziger wüten bei denen, die meinen, dass ein guter Gott eigentlich doch alles in seiner Hand habe. Religion ist eben nicht Vertröstung. Der dunkle, der schweigende, der abwesende Gott, die Bitternis des Todes Gottes kann gerade gläubige Menschen in schwerste Bedrängnis stürzen.

Das Christentum geht in emotionaler Erbauung und wohltuender Psychohygiene nicht auf. Als zu widerspenstig erweist sich immer wieder der Ein-Gott-Glaube. Für eine bloß bürgerliche Therapiereligion taugt er nicht. Aber die biblisch-österliche Hoffnung auf Erlösung und ewiges Leben ist für ein Gehirn, das redlich die Erkenntnisse von Gottes Ferne wie die Plausibilitäten für Gottes Nähe durcharbeitet, keineswegs nur billiges Opium, sondern eine reale Möglichkeit. Ein rational wie emotional durchdrungener Glaube kann dann durchaus positive Folgen auch fürs körperlich-seelische Wohlbefinden haben. Es ist jedenfalls nicht mehr von der Hand zu weisen, wichtige Studien belegen es, dass – so Gunther Klosinski – „die Vorstellung von Gott als eines wohlwollenden gütigen ‚Partners' ... mit einer besseren psychischen Gesundheit verbunden ist". Das wirkt sich im Alltag tatsächlich aus. Religiöse Menschen zeigen sich insgesamt als sozialer, konflikt- und widerstandsfähiger als nicht-religiöse. Sie sind – zum Beispiel – messbar weniger anfällig für Suchtkrankheiten. Ihre Ehen sind stabiler, vor allem weil in schweren Krisen die Versöhnungsbereitschaft größer ist. „Menschen mit hohem spirituellem und religiösem Engagement weisen geringere feindselige Tendenzen auf und haben einen größeren Optimismus und mehr Hoffnungen". Sie reagieren auch in engagierter Gelassenheit auf Dinge, die sich nach menschlichem Ermessen nicht ändern lassen. „Religion kann die Basis für die Selbstachtung und für das Selbstwertgefühl abgeben." Religiöse Bildung – daran besteht kein Zweifel – fördert die allgemeine Bildung: die Herzensbildung, Geistesbildung, Gewissensbildung.

Religiöse Erziehung stiftet Beziehung und beschleunigt die Kommunikation: zwischen Eltern und Kindern, Kindern und Eltern, zwischen den Eltern, zwischen den Geschwistern, zwischen Mensch und Gott. Religiöse Erziehung befähigt somit zu sozialem Verhalten. Darauf weist der katholische Tübinger Religionspädagoge Albert Biesinger hin. Vor allem aber soll religiöse Erziehung die Kinder und Jugendlichen zur „Ausbildung einer eigenständigen Gottesbeziehung"[21] befreien und ermächtigen. Der Kern solcher Beziehung ist Sprache – verbal wie nonverbal. Das Ziel heißt: auch in diesem Bereich Sprachmächtigkeit wecken, zum Beispiel in Ritualen, in Symbolen, im Beten, im sakramentalen Geschehen. Mit einer guten Sprache des Glaubens entwickelt sich die *ganze* Persönlichkeit. In der religiösen Sprache buchstabiert sich das Wesen Mensch selber mit seiner stärksten Ausdruckskraft vor dem Ewigen, vor Gott.

Gerade der religiöse Mensch erfährt sich immer wieder als Unvollkommener. Er weiß um seine Sündhaftigkeit. Die biblischen Erzählungen mahnen uns zu Bescheidenheit. Die Heilige Schrift vertritt gerade kein Sieger-Menschenbild, wonach der Fromme allein schon durch seine Religiosität gut sei. Die besten religiösen Texte sind realistisch – und deshalb so menschlich. Sie wissen um das Fehlbare. Biblisch gibt es keine Unfehlbarkeit. Diese religiöse Einsicht kann einer gesunden Hirnentwicklung mit auf die Sprünge helfen und den Menschen vor falscher Selbst-Überschätzung wie vor gnadenloser Überheblichkeit bewahren.

Der Kriminologe Hans-Jürgen Kerner weist darauf hin, dass alle großen Gestalten der jüdisch-christlichen Glaubensgeschichte immer wieder anfällig waren für Versuchungen. Sie sind keine Oberflächen-Heiligen bürgerlicher Wohlanständigkeit. Entscheidend für ihre Heiligkeit ist nicht ihre Unanfechtbarkeit und Überlegenheit, vielmehr ihre Fähigkeit, die eigene Sündhaftigkeit einzusehen, sie zu bereuen und dort, wo man sich verrannt hat, umzukehren statt andere zum Sündenbock zu stempeln. „Ihre Religiosität zeigt ihnen … Wege auf, nach einer Versuchung oder Tat mit sich, der Umwelt und letztlich mit Gott wieder ins Reine zu kommen und ernsthaft daran zu arbeiten, dass sich das Böse nicht – in ihnen beziehungsweise durch sie – erneut wiederhole.“[22]

Religiöse Erziehung hilft, diese Kraft zur Umkehr einzuüben. Sie befähigt zudem vorbeugend, das Gute zu suchen und das Böse zu meiden. Sie sensibilisiert für Schuld und fördert die Schuldeinsicht, Reue, den Vorsatz, sich zu bessern. In diesem Sinne macht Religion den Menschen – potentiell – sehr wohl besser. Sie wappnet ihn jedoch nicht für jede Situation. „Normkenntnis und grundlegende Bejahung moralischer Grundsätze reichen gegebenenfalls nicht aus, um den Betroffenen durchweg und durchgehend vor unheilvollem Tun zu bewahren. Priester, die wegen sexuellen Kindesmissbrauchs angeklagt sind, stellen insoweit nur eine andere Variante der Polizisten dar, die sich wegen Bankraubes verantworten müssen. Zusammengefasst: Es kann also nur um einen relativen

Schutz gehen." Für den Kriminal-Fachmann steht jedoch außer Zweifel, dass Religiosität wesentlich hilft, „Achtung vor dem Leben, Achtung vor der Würde der anderen" aufzubauen. Das ist eine gewaltige Leistung des Gehirns im Zusammenspiel mit spiritueller Erfahrung.

Religion ist allerdings nicht schlichtweg ein Schmiermittel zum Funktionieren der Gesellschaft. Religion verlangt ebenfalls Widerspruch und Widerstand. „Es gibt ein Jenseits des Funktionierens", schrieb die Berliner „Tageszeitung" über die aktuelle Wiederentdeckung des Religiösen.[23] Solcher Nachdenklichkeit und Widerborstigkeit gegen die Stromlinienförmigkeit des Dahinlebens kann und soll religiöse Erziehung dienen. Selber denken, selber glauben, selber leben: Das gilt für die Kinder ebenso wie für die Erziehungsberechtigten und zur Erziehung Verpflichteten. Das Kinderrecht auf Religion ist nicht nur ein allgemeines Menschenrecht, ihm entspricht eine allgemeine Menschenpflicht, die vor allem die Erwachsenen anspornen kann, sich selber befreien zu lassen und zu befreien von vorurteilsgeladenen zu vorurteilsfreien Sichtweisen der Religion.

4 Dem Staunen folgt Andächtigkeit: Ich bete, also bin ich

Die „Gottes"ahnung der Kinder

Kinder kennen keine Grenzen der Phantasie, auch bei religiösen Bildern nicht. Der amerikanische Kinder-Psychoanalytiker Robert Coles, der an der Universität Harvard lehrt, kommt zu dem Schluss, dass die frühesten Gottesahnungen im Leben nicht Streiche des Unbewussten, nicht Selbsttäuschungen sind, die allmählich dem Realitätsprinzip weichen müssten. Weil der Mensch ein sprach- und bildbegabtes Wesen ist, trägt er „Religion" bereits von Anfang an in sich. Er kann „einen Sinn dafür entwickeln, woher wir kommen, wo wir sind und wohin wir gehen". Kinder seien, „junge Pilger, die wissen, dass unser Leben nur eine kurze Reise ist und die sich mit der gleichen Ernsthaftigkeit bemühen, seinen Sinn zu erfassen, wie es diejenigen unter uns tun, deren Zeit schon weiter vorangeschritten ist"[24].

Cole berichtete von einer Zehnjährigen, die unter der Ignoranz ihrer Eltern in religiösen Dingen leidet: „Ich weiß noch, wie ich letztes Jahr aus dem Fenster sah und die Leute von nebenan kamen gerade aus der Kirche nach Hause, und da habe ich versucht, Gott zu fragen, ob sie recht hätten und wir unrecht, denn wir gehen ja nie hin. Aber wie kann man mit Gott sprechen? Er spricht ja nicht mit uns! Daddy sagt, dass manche Leute Seine Stimme hören, aber das ist alles nur Einbildung! Jedenfalls seiner Meinung nach. Aber ich habe das damals ganz ernst gemeint. Ich habe gesagt: ‚Okay, Gott, bitte, ich bin noch ziemlich klein, und ich möchte es gern wissen, also gib uns ein Zeichen, mir und meiner Mami und meinem Daddy.' Ich wusste schon, Er würde es nicht tun – und Er hat es auch nicht getan. Als ich dann später in den Park ging, dachte ich, vielleicht gibt es doch keinen Gott, aber irgendwie sind da doch der Park und die Blumen, die da blühen, und wie hat das alles nur angefangen, das hätte ich gern gewusst!"

Das Wissen-Wollen fängt mit dem Staunen-Können an. Auch dafür gibt es eine erste Sprache, eine Ur-Sprache: Beten. Die unwillkürliche Weigerung Erwachsener, das Staunen der Kinder als Beten zu identifizieren, hängt damit zusammen, dass Erwachsene oft völlig verengte und verarmte Vorstellungen vom Beten haben, weil sie es überwiegend mit einer in Worte gefassten Ansammlung von Bitten gleichsetzen. Damit unterwerfen sie das Beten aber einem falschen religiösen Reduktionismus.

Kleinkinder beten anfangs meistens ganz ohne Worte. Wenn sie eines Tages dann doch beginnen, Worte zu gebrauchen, dann sind es – wie die Religionspädagogin Sofia Cavalletti beobachtet hat – bis zum Alter von etwa sieben oder acht Jahren fast ausschließlich Lob- und Dankgebete. „Wenn der Erwachsene versucht, das Kind zu Bittgebeten hinzuführen, verfälscht und verzerrt er die religiöse Ausdrucksweise des Kindes. Das Kind empfindet Bitten als nicht notwendig, da es sich selbst in sicherer Gewissheit des Besitzes bestimmter Lebensgüter weiß."[25]

Ein Kind findet seine erste religiöse Sprache außerdem nicht in moralischen Anweisungen, sondern im Staunen darüber, dass es überhaupt etwas gibt und was es gibt: Licht, Wärme, Farben, Tiere, Pflanzen, Geschwister ... Mehr feiern – weniger predigen! Das sollte die Konsequenz aus dieser Wahrnehmung sein, die einschneidende Reformen gerade von Kindergottesdiensten verlangt. Denn diese leiden trotz aller Modernisierungsversuche unter dem Übergewicht der Moralisierung. Vorrang im religiösen Empfinden hat immer – nicht nur bei Kindern, auch bei Erwachsenen – das nachdenkliche, ergriffene, freudige Staunen. Dieses fließt häufig wie selbstverständlich über in Danken und Loben. Mit ahnungsvollen Bildern beginnt das religiöse Buchstabieren des Menschen in seinem Gehirn – und kommt dann erst über die Gebärden des Körpers wie über die Bewegung der

Lippen in geformte Sprache, recht häufig in gebeteten Kurzformeln. Leben lässt loben. Wie aber können Erwachsene sich selber und ihren Kindern helfen, die vergessene und verdrängte Ursprache des achtsamen, staunenden Lobens, die der Mensch braucht, wiederzuentdecken und auszuprobieren?

Nach der „Gottesvergiftung"

Mitte der siebziger Jahre hatte der Psychoanalytiker Tilmann Moser ein Buch veröffentlicht, das einschlug wie eine Bombe: „Gottesvergiftung". Der Therapeut rechnete ab mit seiner eigenen religiösen Erziehungsgeschichte in einer streng evangelischen Familie: Gott war als Übervater, als Überwacher, als strenger „Richter Gnadenlos" inszeniert worden, der alles sieht, alles hört, alles protokolliert, aufrechnet und abrechnet – der bestraft. Und nicht nur an sich selbst hat Moser bitter erfahren, wie ein unterdrückerisches religiöses Bewusstsein die Seele verletzt und den Lebenswillen bricht. In seine Praxis kamen immer wieder Leute mit derartigen ekklesiogenen, also kirchlich erzeugten, Neurosen. Der Glaube, der befreien, stärken, lebenstüchtig machen soll, wurde pervertiert zum Folterinstrument, das in selbstquälerische Sünden- und Versagensangst treibt und das Gewissen verwüstet.

Nicht wenige Menschen vor allem aus der älteren Generation können – quer durch die Konfessionen – von solcher Drangsal erzählen, wie sie unter einem immerwährenden Richtergott und seinen erzieherischen Henkersknechten gelitten haben, manchmal darunter psychisch zerbrachen. Nicht selten sind es Frauen, die sich in der Ideologie der puren Selbstaufopferung für Mann, Kind, Kirche und Staat selbst verloren, die – etwa in der katholischen Tradition – unter einer geradezu inquisitorischen Beicht- und Bußpraxis litten und vielleicht sogar mit abgrundtiefem Hass auf alles Religiöse die Glaubensgemeinschaft verließen. Den jüngeren Leuten dagegen, die fast nur noch vom „lieben Gott“ sprechen hören, sind solche belastenden Erfahrungen schon wieder fremd. Sie fragen sich eher umgekehrt, ob die neuen betont freundlichen Gottesbilder nicht ebenso unredlich sind, weil sie das Elend der Welt ausblenden, die rätselhaften Seiten des Daseins verharmlosen und die Dunkelheit des Göttlichen beschwichtigen.

Allerdings sollte dies niemanden dazu verführen, zu beschönigen, welche verheerenden Schäden die den Menschen dämonisierenden Gottesvorstellungen von früher angerichtet haben, oft mit Langzeitwirkung bis in die dritte, vierte, fünfte Generation. Nicht nur die wissenschaftlich-aufklärerische Entmythologisierung und die historisch-kritische Säkularisierung hat die alten Gottesbilder zertrümmert. Es sind immer wieder die persönlichen Tragödien, die sich ins unbewusste Langzeitgedächtnis der Menschheit einbrennen, auch bei den Spätgeborenen, die von den negativen religiösen Erlebnissen gar nicht mehr unmittelbar betroffen sind. Wie viele Menschen von heute können einfach deshalb nicht mehr glauben, weil sie in einer Kette der Erblast stehen, weil ihre Eltern, Großeltern oder Urgroßeltern nicht mehr glauben konnten! Noch fehlt es an innerkirchlichem Mut, für die psychologischen Sünden, die ekklesiogene Neurosen verursachten, eine ebenso klare Vergebungsbitte zu äußern, wie es Papst Johannes Paul II. im Jahr 2000 im Blick auf andere historische Sünden der Christenheit tat.

Die Zeit geht weiter: Mit ihr verändern sich Kirche und Gottesvorstellungen. Mit ihr ändert sich jeder Mensch. So sieht auch Tilmann Moser in den letzten knapp vierzig Jahren seine analytischen Erkenntnishorizonte nochmals erweitert. Zu der Erfahrung „Gott macht krank“ trat mehr und mehr eine andere hinzu: „Gott kann heilen“. Interessante empirische Befunde in dieser Richtung lassen sich nach Ansicht des Psychotherapeuten nicht länger bestreiten: „… dass ein religiöser Glaube mit besserer seelischer Gesundheit zusammenhängt, ja sogar eine psychosomatische Anfälligkeit für Krankheiten erheblich mindert. Natürlich muss es ein Glaube sein, dem ein freundliches

Gottesbild zugrunde liegt. Fast genauso wichtig ist hierbei, Mitglied einer Gemeinde zu sein, die dieses freundliche Gottesbild teilt und zwischenmenschliche Kontakte und gemeinschaftliche Aktivitäten auf dieser Basis fördert"[26]. Die Psychologen sollten aufmerksam werden für diese andere Art des Gotteskeims, für eine in den Menschen – selbst wenn sie sich ungläubig fühlen – oftmals weitergetragene christliche Substanz, die – in welcher Form auch immer – ein tragender Grund sein könnte, um wieder Kontakt aufzunehmen zum Transzendenten, zu dem, was das innere Leben trägt.

Moser bleibt auf sympathische Weise Beobachter, in behutsamer, doch einfühlsamer Distanz, voller Respekt und Sympathie zugleich für das, was die Menschen religiös suchen, vielleicht religiös suchen sollten. Er stellt jedoch fest: Nicht nur ein einengender Glaube, sondern ebenso der Unglaube, der Atheismus kann neurotisieren. Womöglich steckt gerade darin ein gesamtgesellschaftliches Problem, eine soziale Krankheit zum Tode: Hoffnungslosigkeit, Unfähigkeit und Scham, sich religiöse Hoffnungen einzugestehen als heilenden Befreiungsakt auch für das zwischenmenschliche und politische Leben. Was können wir tun, um die religiöse Frage als heilend zu entdecken?

Das ist nicht einfach nur ein sprachliches, sondern ebenso ein vorsprachliches, ein nonverbales Geschehen, ein lebenslanger Prozess: Einübung in Andächtigkeit. Für Tilmann Moser ist es in der Erziehung vor allem wichtig, der natürlichen Andächtigkeit des Kindes Raum zu geben.

Die erste Andächtigkeit baut sich auf in der Ur-Geborgenheit der Beziehung von Mutter und Kind. Der Freiraum zum Staunen, zum Darüberhinaus-Ahnen, zum Überschreiten des bloß Faktischen könnte sogar schon vorgeburtlich genetisch angelegt sein. Es handelt sich um „Zustände, bei denen seelisches und leibliches Erleben eng verschlungen sind". Man könne es ebenso als „Schauer" bezeichnen, als ein „Überrieselt werden" von etwas Anderem, Ganz-Anderem. Es ist ein „herausgehobenes Gefühl, das Ganzheit erzeugt". Das Kind kann in der dichten Erlebnisatmosphäre der Geborgenheit solche außergewöhnlichen Augenblicke verknüpfen mit der – so Moser – „Macht der Mutter und ihrer Fähigkeit, später auf Transzendenz zu verweisen".

Diese psychoanalytische Sicht bestätigt, dass die Mutter die erste Seelsorgerin, ja Priesterin ihres Kindes ist. Der Vater, die Geschwister, weitere Bezugspersonen mögen hinzutreten. Der Ur-Impuls, die Wachsamkeit und Achtsamkeit für Andächtigkeit entscheidet wesentlich über die künftige seelische Entwicklung. Entscheidend ist, womit sich der Raum der Andacht füllt, ob eine befreiende oder aber eine dämonisierende Gotteserfahrung in die offene Seele, in dieses „Gefühl eines feierlichen Zusammenhangs" eintritt. Bilder, Musik, Symbole, verschiedenste sinnlich-körperliche Wahrnehmungen sind daran beteiligt. Allmählich wird die Erfahrung von Erhabenheit und Heiligkeit verknüpft mit Sprache. Unabdingbar gehört das Moment einer „rätselhaften Verknüpfung von Selbst und Kosmos oder höherer Macht hinzu, das in gesteigerten Momenten in mystische Erfahrung übergehen kann. Erst später wird eine Summe erhebender Erlebnisse unter dem Ausdruck Gott zusammengefasst".

Für den Psychoanalytiker steht fest: Der Mensch ist durchaus auch im modernen, postmodernen 21. Jahrhundert mystikfähig, liturgiefähig, transzendenzfähig. Doch diese Fähigkeit braucht Anregung zur Entfaltung, schon beim Neugeborenen. Vermutlich ahnen wir das als Erwachsene intuitiv.

Tilmann Moser verweist darauf, dass die abendländische Kunst in Bild, Wort und Ton der Entstehung von Andacht bereits in den ersten Lebensmonaten zu starkem Ausdruck verholfen hat, etwa in den vielen Variationen des Themas „Mutter und Kind", „Christkind und Maria". „Man könnte von einem Stufenaufbau von Andacht sprechen: Viele Bilder erfassen die Andacht des Kindes angesichts der Mutter, aber auch die Mutter ist andächtig vor dem Kind und dem Thron Gottes. Die umstehenden Heiligen stehen andächtig vor Mutter und Kind; und der Betrachter wird andächtig vor diesem genialen Aufbau von Andacht, der sie sozusagen abholt und instrumentiert am Ort ihrer Entstehung: an dem stillen oder auch lebendigen Hingerissensein des Kindes vor der Mutter und ihrer Bedeutung, die sie ihm durch Erzählung und Unterweisung allmählich in Glauben überführt. Die Mutter tränkt das Kind mit früher Gefühlstheologie … Sie bildet eine Matrix für alle späteren Transzendierungen." Moser weist aber genauso darauf hin, dass in dieser Dichte der Andacht seit jeher die Gefahr lauerte, sie umzubiegen in eine Sündentheologie der Angst.

Die Kirchen sollten sich die immer drohende „Ursünde" der Gottesvergiftung bewusst machen und bewusst halten. Sie sollten die psychoanalytischen Warnungen ernst nehmen. Dann könnte sich vielleicht auch dem Christsein eine neue Chance eröffnen durch neue Mütter und neue Väter, die sensibel sind und ahnen, dass ihre Kinder für ihr Leben mehr brauchen als nur gutes Benehmen, Sitte, Anstand und Wohlstand: nämlich Andacht, religiöse Ergriffenheit zur Erfahrung des Göttlichen. Moser: „Wir sind eingebettet in etwas Drittes. Der Bezug auf Gott wirkt außerdem wie ein Gegengift gegen Hochmut. In der ‚Gottesvergiftung' komme ich mir heute ein Stückchen hochmütig vor. Ich tat so, als wäre mein menschlicher Verstand ausreichend, Gott in dieser Schärfe anzugreifen … Ich bin nicht mehr wütend, nicht mehr hochmütig und vielleicht auch nicht mehr so verzweifelt an Gott, so dass ich gelassener argumentieren kann und offen bin für Kräfte, die über mich hinausgehen."

Sprache und Denken: Ur-Gotteserfahrung

Neuere Spekulationen über die Anfänge der Sprache lassen vermuten, dass bereits ein Vorläufer des modernen Menschen, der Homo erectus, über eine gewisse Sprechfähigkeit verfügte. Der Kulturhistoriker Martin Kuckenburg meint, dass „das rasante Gehirnwachstum und das für die Artikulationsfähigkeit wichtige Absinken des Kehlkopfes bei diesem Hominiden" dafür ein Beleg ist. Wenn man den Homo erectus, der bereits vor gut einer Million Jahren auftrat, als Menschen bezeichne – und diese Benennung verdiene er zu recht –, müsse man annehmen, „dass die Sprache tatsächlich so alt ist wie der Mensch selbst, dass sie zu ihm gehört wie der aufrechte Gang, das entwickelte Gehirn, die geschickte Hand und die technologische, geistige und soziale Kultur – ja dass sie den Prozess der Menschwerdung, der Hominisation, in gewissem Sinne erst ermöglicht hat"[27].

Allerdings hat menschheitsgeschichtlich wohl erst der Homo sapiens die besondere Fähigkeit zu gespannter Andächtigkeit hervorgebracht. Er begann schließlich auch damit, diese in religiöse Sprache, Zeichen und Handlungen zu übersetzen. Das gibt es so nirgendwo im Tierreich. Nicht das mechanisch-instinktgetriebene Tun zur Selbst- und Arterhaltung, sondern das reflektierende Denken bestimmte fortan Sein und Werden des Menschen. Genauer: Es war die Nachdenklichkeit, die ihn zum Vordenken trieb. Die sprachliche geformte Andächtigkeit begünstigte eine Revolution des Bewusstseins, welche ihrerseits die weitere Sprach- und Hirnentwicklung steuerte. Der moderne Mensch fing an, über seine Menschwerdung in Vergangenheit, Gegenwart und Zukunft nachzudenken und sich darüber mit anderen kommunikativ zu verständigen. Was war, als wir noch nicht waren? Was wird sein, wenn wir nicht mehr sind? Irgendwann begann ein Mensch zu staunen, zu rätseln, zu vermuten. Schließlich begann er zu begreifen, dass nicht allein das „ist", was er sieht, hört, schmeckt, riecht, tastet, was sich „abspielt" in der Höhle, der Hütte oder oben auf dem Himmelsdach. Die evolutiv herausgebildete Ahnung, dass wir auf dieser Erde nie ganz zu Hause sind, ist der entscheidende Grund dafür, auch sprachlich immer weiter auszugreifen, mehr wissen zu wollen, als wir wissen, anderes erkennen zu wollen, als wir kennen, nie zufrieden zu sein mit dem bloß Faktischen. Die geistige Menschwerdung des Menschen erst öffnete die Horizonte, ein „Jenseits" zu ahnen und Gott zu „erkennen".

Mit der sprachlich deutenden Durchdringung der Welt durch rationales Denken verband sich von Anfang an die emotionale und sozial-kommunikative Kompetenz. Über das, was man erkennt, will und muss man sich mit anderen „unterhalten". Die erste Sprache des Menschen, die über bloße Laute und einfachste Signalmitteilung hinausging, die sich auf einem „philosophischen" Grund aufbaute, war gekoppelt an die Entstehung des Du-Bewusstseins, an eine „Jenseits"-Ahnung, eine „Gottes"ahnung. Die Fähigkeit, sich über Worte, über geordnete Wortverbindungen, über Sätze, über eine Grammatik verbindlich und allgemein verständlich auszudrücken, setzte das Vorstellungsvermögen eines Ich mir gegenüber voraus, außerdem eine hohe geistige Abstraktionskraft, sogar etwas Ganz-Anderes, Unsichtbares, Transzendentes außerhalb meiner unmittelbaren Wahrnehmung als wirklich „seiend" und „existierend" denken zu können – eine Idee, eine Realität, die nicht von mir allein abhängt und nicht allein von mir zu verstehen ist. Die Bewusstwerdung des Menschen über sich selbst, über ein Du und ein Ich, ging einher mit der Bewusstwerdung über Sein und Zeit, Leben und Tod, Nichts und Etwas. Es mündete in die Bewusstwerdung über etwas Göttliches. Der Mensch wurde Mensch durch die Artikulation derartiger Erfahrung in Klang, Form und Farbe. Hier entstanden Kunst und Kult. Die Gottesahnung ermöglichte den entscheidenden geistigen Quantensprung hin zum modernen Menschen. Der Mensch wurde durch seine Religionsfähigkeit Mensch. Die Fähigkeit zu Gottesbildern trennte ihn endgültig von affen-menschenähnlichen Vorfahren.

Das erste Sprechen schlug sich nieder im ersten Beten. Beten war womöglich der Urknall moderner Sprachmächtigkeit überhaupt. Im Beten wurde der Urschrei des Homo sapiens angesichts von Sterben und Geborenwerden weitergetragen. Beten geschah zunächst wortlos, im Laut, auch im Bild. Mit der

Bewusstseinsbildung des Gehirns durch Sprache aber wurde im Lauf der Zeit eine nicht bloß individuelle, sondern über-individuelle, kollektive Sinngebung des Lebens möglich, dem die Entwicklung einer Moral, schließlich ausgeprägte ethische Regelsysteme folgten. Zu den frühesten uns zugänglichen Manifestationen von Wort und Sprache in Schrift gehören moralische Anordnungen oder Lehr-Unterweisungen.

Die moderne Geistesentwicklung jedenfalls ist undenkbar ohne das atemberaubende erste Staunen vor dem, was ist. In einem lichten Augenblick der Evolution wurde Gottesahnung lebendig, wurde der Mensch fähig für Gott, für Gottesbilder, wurde er kultfähig. Eines Tages malte ein Mensch das erste Gebet der Weltgeschichte an eine Höhlenwand, sang einer das erste Gotteslob in den Wind oder trommelte es auf abgenagten Knochen. Im Bruchteil einer Menschheitssekunde fiel es irgendwann einem Mann oder einer Frau ein, von der eigenen Gottesfurcht zu erzählen, diese an Kinder weiterzugeben. Über Laute, Töne, Klänge, Rhythmen, Farben und Linien kam Gott erstmals zu seinen Menschen und der Mensch erstmals zu Gott: Offenbarung! Der Mensch wurde Mensch als Mensch Gottes. Durch die Gottesahnung – ausgedrückt im nonverbalen oder verbalen Beten – wurde der Mensch modern. Wurde er Homo sapiens: weiser, kluger Mensch. Der sich selbst unbekannte Mensch erkannte sich vor dem unbekannten Gott. Er erkannte Gott.

Ich bete, also bin ich – Mensch. Das Beten – oft ohne Worte – ist in allen Kulturen die ausdrucksstärkste Form von Sprache, die Urform menschlicher Kommunikation. Ohne den religiösen Ur-Impuls einer Erst-Kommunikation zwischen Mensch und Gott hätte sich die Hirnentwicklung des Menschen geistig und seelisch nicht derart dynamisiert hin zu einer unglaublich vielfältigen, phantasiereichen Kommunikation zwischen Mensch und Mensch. Kein anderes Lebewesen kennt, soweit wir es wahrnehmen, eine vergleichbare Vielfalt und Ausdifferenzierung von Sprache und Sprachsystemen.

Wenn dem Menschen die Gottesahnung im Gehirn abhanden kommen sollte, stirbt dann womöglich die zwischenmenschliche Kommunikation in ihrem Innersten ebenfalls wieder ab – und damit zum Beispiel auch die Kommunikation von Eltern und Kindern über den Sinn des Lebens? Wenn die göttliche Transzendenz denkerisch aus unserem Gehirn verschwindet, leidet dann womöglich auch die emotionale Transzendenzfähigkeit, das soziale Einfühlungsvermögen zwischen Mensch und Mensch darunter?

Sprache trägt stets die Spur der Ur-Sprache „Gottes" in sich. Sprache aber steht nie fest. Sprache entwickelt sich. Sprache wird – durch Sprechen. Zu dieser umfassenden geistigen – auch religiösen – Sprechfähigkeit immer wieder neu erziehen – darin liegt die Hauptverantwortung von Eltern, Gesellschaft, Staat, von religiösen Gemeinschaften und Kirche. Darin liegt der Kern auch jedweder heutigen Erziehungsanstrengung: damit ein Mensch Mensch wird, ein erwachsener Mensch.

Der Entwicklungspsychologe Klaus Großmann von der Universität Regensburg hat darauf hingewiesen, dass der Sprechprozess des Menschen bei jedem Neugeborenen wieder vorsprachlich beginnt, in der nonverbalen Sprache der Gefühle[28]. Besonders wichtig ist es, dass der Mensch von Geburt an lernt, eigene und fremde Emotionen zu deuten, in Sprache zu bringen. Zwischen dem so genannten limbischen System im Gehirn, in dem unter anderem Emotionen wie Glücksgefühle, aber wohl auch religiöse Wahrnehmungen und andere Reize verankert sind, und der Großhirnrinde, in der rationale Erkenntnis- und Denkprozesse stattfinden, stellen sich Nervenverbindungen her. In dem Maß, in dem die Eltern auf die Wohl- und Unwohlgefühle bereits des Säuglings eingehen und diese sprachlich zu deuten versuchen, entwickelt das Kind erste sprachliche Verständnisfähigkeit, selbst wenn es kognitiv noch nicht versteht, was die Worte seiner Bezugsperson bedeuten. Der Gebrauch von Sprache stiftet Sprache. Die Eltern sind die ersten Übersetzer im Selbstfindungs-, im Identitätsprozess ihrer Kinder. Großmann sieht in diesem dialogischen Prinzip die entscheidende Grundlage dafür, dass der Heranwachsende sich emotional verständigen, eigene Beziehungsfähigkeit später etwa zu einem Liebespartner aufbauen kann. Vertrautheit, Bindung, Sprachvermögen in frühen Lebensjahren stiften Bindungs- und Bildungsfähigkeit, Liebes- und Sprechfähigkeit für später.

Die Fähigkeit zum religiösen Staunen, Ahnen, Denken und Glauben ist nicht bloß ein Kulturgut unter vielen anderen Kulturgütern, sondern ein Schlüssel, um größere kulturelle Kompetenz zu entwickeln. Die Publizistin Susanne Paulsen sieht in den Kindern nicht selten Philosophen, die mit ihren manchmal aberwitzigen Gedanken und Vorstellungen an den Grenzen gerade die Erwachsenen zum Nachdenken herausfordern. Leider würden sich die meisten Menschen im Alltag solchen „unfassbaren Erfahrungen“ verweigern. Doch sollten Erziehende sich vornehmen, auf solche Fragen zu achten. Denn es sind im Kern unsere eigenen Fragen, an denen die Kinder spüren könnten, dass nicht sie allein suchen, sondern „dass die ganze Welt sucht. Und dass eine solche Erkenntnis paradoxerweise festeren Boden unter den Füßen geben kann“[29]. Die Entwicklungsfähigkeit der Kinder – auch in religiöser Hinsicht – verlangt eine entsprechende Entwicklungsanstrengung genauso der Erwachsenen.

5 „Gott" – wie schwierig

Gottesbilder im Wandel

Die Fragen der Kinder nach „Gott" sind Anfragen an uns Erwachsene. Welche Bilder haben wir uns von „Gott" gemacht? Welche Bilder machen wir uns von Gott, von einem Gott, an den wir glauben, oder aber von einem Gott, an den wir nicht – mehr – glauben? Von Redlichkeit und Ehrlichkeit uns selber gegenüber hängt es ab, ob unsere Kinder uns als redlich und ehrlich wahrnehmen, ob sie uns ernst nehmen. Die Gottesfrage ist weit mehr als nur eine Moralfrage. Sie ist eine Existenzfrage – nicht allein für unsere Generation, sondern ebenso für kommende Generationen. Es braucht Mut, sich einem Thema zu stellen, das schon erledigt schien. Aber: Seine Probleme sind nicht erledigt. Es ist unwahrscheinlich, dass es Gott gibt, denken wir vielleicht. Aber mindestens ebenso unwahrscheinlich ist es, dass es ihn nicht gibt. Die zweite Perspektive wird gern verdrängt, jedoch nicht von allen Nachdenklichen. Dieser Perspektive wollen wir uns aussetzen.

Wir haben größte Schwierigkeiten mit „Gott". Denn die einst so selbstverständlichen Vorstellungen greifen nicht mehr. Die größte Not haben wir damit, dass Gott sich offenbarend in Welt und Geschichte eingreift. Wo greift er denn wirklich ein? Wo ist Gottes Handeln tatsächlich spürbar? Stärker als seine reale Anwesenheit erfahren wir doch täglich seine reale Abwesenheit. Alles, was geschieht, geschieht im Namen von Menschen oder gemäß den ganz normalen Sachgesetzen der Natur. Krankheit, Krieg, Hunger und Tod sind nicht mehr zum Bestrafen sündiger Menschen von einem „Gott" geschickt, sondern selbst gemacht. Oder sie kommen aus einem blinden Schicksal, aus Zufall, aus Notwendigkeit. Tödliche Keime, Viren, Bakterien fragen nicht nach Gott. Sie sind einfach in der Welt und entwickeln sich evolutiv ständig mit der Welt, immer anpassungsfähig. Sie bewirken Krankheiten, Leiden, Tod, ganz unabhängig davon, ob der Mensch sündigt oder nicht, ob er gut ist oder böse. Der Tod war – anders als es die biblischen Mythen nahe legen – in der Natur, noch bevor es den ersten modernen Menschen gab, noch bevor ein einziger Mensch überhaupt sich dessen bewusst werden konnte, dass er etwas Schlechtes tut. Nein: Die Aussage der Schöpfungsgeschichte, dass Gott sah, dass alles, was er gemacht hatte, gut war, können die Kinder der wissenschaftlichen Aufklärung nur schwer nachvollziehen. Ist Gott aber damit schon erledigt, dass die Bilder, die sich viele Generationen von ihm und seinem Wirken machten, in unserer Welterfahrung brüchig geworden sind?

Die eigentlichen „Offenbarungen“, die entscheidenden Geistesbewegungen gehen heute stärker von den Naturwissenschaften als von Theologie und Philosophie aus. Der Mitherausgeber der „Frankfurter Allgemeinen“, Frank Schirrmacher, beschrieb diesen Trend – im Blick auf den Buchmarkt – einmal so: „Die großen wissenschaftlichen Bestseller sind klar, präzise, spannend. Sie verändern die Öffentlichkeit. Und sie verändern die Wissenschaft selbst ... Kaum je zuvor ... stand Naturwissenschaft so nah am Rand von Erkenntnissen und Praktiken, die die Gesellschaft durchrütteln und umordnen werden.“[30] Das betrifft unser gesamtes Seins- und Selbstverständnis. Auch wenn wir über so manchen Fortschrittsglauben klagen, genießen wir doch den Fortschritt. Das erfahrungswissenschaftliche Denken hat die Welt entmythologisiert, von Wundersucht, Aberglauben und infantilen magischen Vorstellungen gereinigt. Der Kern unserer Kultur erweist sich als entschieden aufgeklärt, wissensorientiert, technikfreundlich. Ist damit der Gottesglaube erledigt?

Schirrmacher scheint das nahe zu legen. Er beobachtet: „Die heutige populäre Naturwissenschaft ... trägt durchaus Züge eines Religionsersatzes. Die Utopien und Visionen der Wissenschaftler, die Hypothesen der Kosmologen oder die Theorien der Genforscher: Sie alle beflügeln im Leser die Sehnsucht nach Bedeutung oder Sinn oder Geschichte ... Die Genetik versucht im Augenblick, aus den Buchstaben des endlich sequenzierten menschlichen Genoms einen Sinn zu buchstabieren, kurz: mit Hilfe immer besser werdender Computer die Ursprache des Lebens zu lernen. Die Astronomie ... blickt mit immer besseren Teleskopen immer tiefer ins All, dorthin, wo das erste Licht war, und das heißt: immer weiter zurück in die Vergangenheit. Entschlüsselung der Ursprache und Suche nach dem Licht ..." Aus dem sakralen Geheimnis Gottes ist das säkulare Weltenrätsel geworden. Ein Rätsel ohne Gott?

Wahr daran ist: Unter dem Einfluss wissenschaftlicher Horizonte hat sich das Gottdenken und Gottahnen selber einschneidend verändert. Mit den friedlichen Kulturrevolutionen durch besseres Wissen hält das religiöse Leben nicht Schritt. So bewegt sich die Gebetssprache vielfach immer noch in monarchisch-autokratischen Vorstellungen mit einer entsprechenden Symbolik: zum Beispiel ein majestätisch souveräner Gott des Seins, der „oben" thront, der von „oben" nach „unten" nach seinem Gutdünken eingreift und von „unten" nach „oben" durch Fürsprache, Opfer und Unterwerfung gnädig gestimmt werden kann. Solche Anschauungen wurden lange begleitet von Bildern eines himmlischen Hofstaats aus Engeln, Heerscharen, Mächten und Gewalten. Wie aber geschieht Heil und Erlösung von Sünde und Tod in einer evolutiven Welt, die strikt naturgesetzlich abläuft? Und was bedeutet Gottes Sein und Dasein für uns Menschen in einem materiell wie geistig durch ständiges Werden in Bewegung versetzten Kosmos, der trotz aller mathematischen Naturformeln und physikalischen Naturkonstanten Spielräume öffnet fürs Unberechenbare, Spontane, Paradoxe? Ist Gott der irgendwie „Altbekannte" hinter uns? Oder wie kann er unserer Neugierde zum Ganz-Neuen vor uns werden?

Der belgische Pastoraltheologe Jan Kerkhofs hat untersucht, wie sich die Gottesbilder der Europäer und Nordamerikaner verändern; also in Kulturen, die naturwissenschaftlich am weitesten aufgeklärt und zugleich durchs Christentum nachhaltig geprägt sind. Ein klarer Befund jener Studien ist, dass Gott aus der Alltagssprache der Menschen allmählich verschwindet. „Nur im kleinen Kreis und meist dort, wo man zusammen betet, wird Gott noch genannt und als anwesend anerkannt“[31]. Doch die Bilder vom „persönlichen“ Gott, von einem personal geprägten Wesen, einem irgendwie doch „menschengestaltig“ vorgestellten Gegenüber, lösen sich rapide auf. Die jüngere Generation bevorzugt – wenn überhaupt – ein offenes und eher unpersönliches Gottesverständnis. Der Anteil jener Menschen, die sagen, dass sie allenfalls an eine Art Geist, ein höchstes Wesen oder eine besondere Lebenskraft, eine grundlegendere Energie glauben, wächst beständig. Daneben nimmt die Zahl der radikal Nicht-Glaubenden, der betonten Atheisten laufend zu. Kerkhofs deutet die Konsequenzen daraus so: „Gott verliert sein Antlitz, und er wird ständig weniger ‚christlich‘.“

Glauben die Menschen deshalb schlichtweg weniger? So einfach kann man das nicht sagen. In etlichen religiösen Äußerungen wird deutlich, dass man um Gottes und der eigenen Glaubwürdigkeit willen eine distanzierte, allgemeine Rede über Gott bevorzugt. Die zunehmend sogar von den Christen verwendeten naturalistischen und pantheistischen Vorstellungen – „Alles ist irgendwie Gott, alles ist irgendwie in Gott“ – spiegeln das allgemeine Unbehagen selbst frommer Leute wider, Gott könne in falscher Begrifflichkeit festgenagelt, zu sehr nach menschlichem Bild und Gleichnis geformt werden. Die ungenauere „Gottes“rede soll der Skepsis und Bescheidenheit, die da angebracht sind, gerecht werden. Gott sprengt alle menschlichen Sichtweisen. Gott ist nicht der, als den wir ihn sehen. Gott ist größer als das, was wir aus ihm gemacht haben. Das kann man auch bewerten als Ausdruck von Feinfühligkeit für das biblische Verbot, sich ein fixes Bild von Gott zu machen. Gott ist Gott – und nicht Mensch. Je mehr wir naturwissenschaftlich über den Menschen in Erfahrung bringen, je genauer wir unser Menschenbild und unser Personverständnis anhand empirischer Tatsachen – etwa durch Medizin, Molekularbiologie und Hirnforschung – entwerfen, umso heftiger ergreift es uns, dass Gott in den üblichen Vorstellungen nicht aufgeht.

Zudem wird die Unschärfe von dem, was menschliche Person und Identität ausmacht, ständig größer, je mehr die Wissenschaft davon zum Beispiel biochemisch entschlüsselt. Gott aber ist kein Lückenbüßer für mangelndes Wissen. So ist es kein Wunder, sondern nur redlich, wenn sich die Vorsicht angesichts der (Selbst-)Wahrnehmung des Menschen erst recht über die Gottesbilder legt. Was göttliche Personalität, was göttliche Identität heißt, wird aus gutem Grund unschärfer. Die Menschen des 21. Jahrhunderts tragen in sich nicht nur den Hang zur Gottesleugnung, sondern mehr noch eine unbewusste Ahnung von Gottesfurcht. Niemand hat Gott je gesehen. Dem entspricht ein waches Gespür für eine natürliche „negative" Theologie, die lieber sagt, was und wie Gott nicht ist, wie sehr Gott uns eher unähnlich als ähnlich sei.

Jan Kerkhofs fasst die Umfrageergebnisse folgendermaßen zusammen: „Obwohl es für eine zunehmende Minderheit keinen Gott gibt oder, falls es einen solchen für sie gibt, dieser immer weniger wichtig wird, verschwindet das Gespür für ein umfassendes Geheimnis nicht. Auch wenn Gott mit der Natur verwechselt wird ..., so möchten diese Menschen doch meistens nicht nur in der eigenen Individualität abgeschlossen leben. Viele sind stark durch die Entwicklungen der Biologie und der Paläontologie beeindruckt worden und wissen nicht, wie die Ergebnisse dieser Wissenschaften mit der Lehre über einen Schöpfer zu versöhnen sind. Andererseits kann man auch fragen, ob die Verkündigung Gott nicht viel zu stark anthropomorph darstellt."

Die aus einer monarchistisch-ständisch verfassten Kultur stammenden Bilder von Gott als eines mehr oder weniger absolutistischen Weltenherrschers verflüchtigen sich in der demokratischen Kultur zusehends. Unser Gehirn denkt mit, unser Gehirn denkt um. Unter dem Einfluss einer sich dynamisch wandelnden Zivilisation beeinflusst das ganz selbstverständlich die religiösen Denkweisen. Das Bild von Gott als König, Richter, Meister hat allenfalls noch einen gewissen emotionalen Nährwert. Menschen in Demokratien finden andere Gottesvorstellungen einsichtig als solche, die in autokratisch verfassten Gesellschaften aufwachsen.

Überraschend ist, dass die Gottesbilder von Männern und Frauen selbst im Zeitalter der Emanzipation weiterhin geschlechtsspezifisch auseinander fallen. Während laut amerikanischen Beobachtungen ein gewisser Teil der Männer dort noch zum Bild des starken Königs neigt, bevorzugen die Frauen Gott als Heiler. Dabei mag die in den Vereinigten Staaten ausgeprägte Psychotherapie-Kultur eine erhebliche Rolle spielen. Beziehungsbilder ersetzen in diesem Fall jedenfalls zusehends die alten autokratischen Sichtweisen von Gott als Schöpfer, Vater, Herr. Gott wird inzwischen gern gesehen als Ehegatte (früher sprach man im kirchlichen Leben vom „Bräutigam"), Freund, sogar Liebhaber. Vor allem zeigt sich, dass Gott inzwischen weitaus mehr mütterliche als väterliche Züge hat. Das Gottesbild hängt immer mit ab von gesellschaftlichen und kulturgeschichtlichen Entwicklungen.

Die Scheidungsraten sind in vielen westlichen Ländern drastisch gestiegen. Dabei hat sich still und heimlich eine Art „matriarchale" Kultur inmitten einer angeblich nach wie vor patriarchal geprägten Gesellschaftsordnung herausgebildet. In diesen neuen „mütterlichen" Gesellschaften ist für die Heranwachsenden überwiegend die Mutter – und nicht mehr ihr männlicher Partner, der Vater – der Fixpunkt im Leben. Entsprechend prägt das „Mütterliche" und das „Frauliche" nachhaltig heutige Gottesbilder von Kindern und Jugendlichen vor.

Das Gottesbild des Kindes bildet sich zunächst einmal nach seinem Elternbild. Der „allmächtige" Gott wird anfangs überwiegend erfahren als „allmächtige" Mutter, welche die grundlegenden Bedürfnisse des Säuglings befriedigt. Erst in dem Maß, in dem das Kind im weiteren Lebenslauf die Begrenztheit und Unvollkommenheit seiner Eltern erkennt, sucht es die Omnipotenz, den Schutz nicht mehr bei den Eltern, sondern – davon abstrahierend – anderswo: bei Schutzengeln oder bei Gott. Dieser wird durch Übertragung anfangs noch stark der elterlichen Schutzmacht nachempfunden. Gott ist in der frühen Phase noch eine Art Elternfigur. Er ist so etwas wie „vollkommenere Eltern", eine Art Elternersatz. Wo der Vater in einer „vaterlosen Gesellschaft" ausfällt, übernimmt die Mutter allein die Elternrolle, vorherrschend auch bei der Entwicklung des Gottesbildes. Auf diesem ersten Gottesbild des Grundvertrauens bauen spätere – dann notwendigerweise erwachsene – Gottesbilder auf. Auch Gottesbilder reifen.

Die menschliche Anschauung von Gott ist nicht als billige Projektion abzuwerten. Wenn die Welt Gottes Schöpfung ist, wenn der Weg Gottes der Weg des Menschen ist, dann müssen die Menschen auch auf ihrem religiösen Weg sinnvoller Weise ernst machen damit, dass Gott über alle Lebensprozesse, also auch über die Biologie, über die Wechselwirkungen zwischen Materie, Seele und Geist im Gehirn wie im Genom in seine Schöpfung eintritt, in die Vernunft der „Kinder" Gottes. Wo sich die Gottesbilder mit den Weltbildern verändern, zerbricht das nicht zwangsläufig den Glauben, sondern nährt, weckt, stärkt ihn. Wir sollten uns also auch in der Erziehung wieder stärker mit dem Wesentlichen beschäftigen, weniger mit kirchlichen Binnenproblemen, mehr mit: Gott.

Einsames Fragen

Wo ist Gott? Wer ist Gott? Gibt es Gott? Wie mächtig, wie ohnmächtig ist Gott? Immer wieder wird nach barbarischen Attentaten, nach Naturkatastrophen und Unglücksfällen mit vielen Opfern der Schrei der Menschen nach einem letzten Sinn inmitten der Sinnlosigkeit unüberhörbar. Für Augenblicke blitzt dann durch die äußere Betroffenheit hindurch jenes transzendente Erschaudern auf, das aus dem Urgrund der menschlichen Seele kommt und wieder in sie eintaucht.

Die Würde Gottes hängt an der Würde seiner Geschöpfe, die Freiheit Gottes an der Freiheit seiner Kreatur. Wie frei aber ist der freie Mensch? Und wie frei ist Gott? Da fängt das Spiel der Fragen stets neu an, eine Erschütterung von Grund auf. Denn wir können die Augen nicht vor der Realität vielfacher Unfreiheit verschließen. Wie frei ist denn der Wille eines schwer behinderten Kindes, das nichts dafür kann, so geboren zu sein. Und wie frei sind die Eltern, die nicht wussten, gar nicht wissen konnten, welches Leiden aus ihrem freien Liebesakt entsteht? Hinzu kommt die natürliche Angst vor dem Tod als starke Triebfeder eines manchmal freiheitszerstörenden, tragisch verwickelten Kampfes ums Dasein, der andere unterwirft und vernichtet. Wir sind also nicht so frei, wie wir tun. Und auch Gott ist nicht „frei" von diesen Sachgesetzen, die er in die Natur seiner evolutiven Schöpfungswelt eingestiftet hat.

Einsamkeit umgibt den Menschen, der sich denkerisch an die Abgründe des menschlichen Rätsels und des göttlichen Mysteriums vorwagt. Immer und immer wieder stolpert er über das Problem, wie ein angeblich guter Gott angesichts einer von Gott wohl so gewollten unvollkommenen Welt und leidenden Kreatur zu rechtfertigen, ja wie ein „Gott" in dieser Situation überhaupt zu denken ist. Der Bonner Philosoph Heinz Robert Schlette schrieb dazu: Diese Welterfahrung, „extrem radikalisiert durch den schier unglaublichen Terror ..., kann, wie man weiß, in eine finstere, trostlose Einsamkeit hineinführen, in der etwas, das das Ganze ... zusammenhält, nicht mehr erfahren wird"[32]. Schlette zitiert den Theologen Romano Guardini: „Die Einsamkeit im Glauben wird furchtbar sein". Alles noch so schöne religiöse Gemeinschaftserleben kann die radikale Ungeborgenheit, das Ausgesetztsein des einsamen Menschen vor dem einsamen Gott nicht beruhigen. Schlette: „Jeder hat seinen eigenen Namen, und deshalb darf man trotz Israel als Volk und trotz der Kirche diese Dimension der Unmittelbarkeit (gegenüber Gott) nicht außer Betracht lassen. Sie ist eine Art Einsamkeit, in der es um das ‚Herz' des Menschen geht, seine sogenannte Mitte, das heißt um Verantwortung, Gewissen, Schuld, Liebe, wirkliche Erfahrung."

Die existentielle Einsamkeit wird begleitet von einer zweiten Einsamkeit: in der Gemeinschaft der Glaubenden selbst, zum Beispiel in der Pfarrgemeinde. Schlette bleibt skeptisch gegenüber einer allzu betonten Gemeinde-Seligkeit. Wer sich der Gottesfrage unter dem Druck der alltäglichen wie der wissenschaftlichen Welterfahrung aussetzt, wird im Innersten einsam bleiben, nicht selten unverstanden von den Mitglaubenden. „Obwohl wir als Christen daran festhalten, dass wir als der Leib Christi oder als das durch die Zeiten wandernde Gottesvolk zusammengehören, gibt es doch so etwas wie die Einsamkeit des Einzelnen und der Einzelnen gegenüber dem, was man landläufig ‚die Kirche' nennt." Auch religiöse Einsamkeit prägt Denken und Fühlen.

Meine Religion und ich

Woher komme ich? Wohin gehe ich? Was soll ich tun? Das waren die großen Fragen, die den modernen Menschen einst auf die Spur des Religiösen brachten. In der anonymen Massen-Konsum-Kultur, in der jeder und jede sich danach sehnt, unverwechselbar, anerkannt und irgendwie einmal ein „Superstar" zu sein, haben sich jene „ewigen" Sinnbedürfnisse verändert. Die Sinnfragen sind dem abwechslungs- und spannungsreichen Leben angepasst: Wozu habe ich Lust? Was bringt mir das? Was macht mich glücklich? Vor allem: Was soll ich hier eigentlich? Junge Leute fragen auch religiös anders. Und junge Eltern fragen sich irgendwann einmal darüber hinaus: Was soll ich meinen Kindern eigentlich mitgeben? Wozu sind sie da? Wozu bin ich da?

Der evangelische Religionspädagoge Joachim Kunstmann sieht die Kristallisationspunkte religiöser Ahnung heute weniger in den Kirchen als in den Medien und in der von ihnen vermittelten Unterhaltungskultur. Die „Medienreligion“ schwimmt in ihr wie der Fisch im Wasser. Und wir schwimmen in diesem Wasser des alltäglichen Lebens mit. Doch das Religiöse erkennt man darin nicht auf den ersten Blick. Eher scheu, schüchtern, versteckt kommt es daher. Kunstmann erläutert das zeitgenössische Lebensgefühl so: Man darf sich nicht religiös zeigen. Das Öffentliche hat glaubensfrei zu sein. Die religiöse Frage bleibt privat, subjektiv, individuell. Es ist das letzte und eigentliche Tabu. Darüber spricht man nicht. Deshalb ist es auch so schwer, sich darüber zu verständigen, darüber überhaupt eine gemeinsame Sprache zu entwickeln. Oft ersticken Sprechblasen und platte Äußerungen über Gott und die Kirche jede religiöse Ernsthaftigkeit schon im Keim.

„Glaubst du an eine höhere Macht, an ein ewiges Leben?“ – „Was geht es dich an!“ Gut gemeinte christliche Rede- oder Missionsversuche perlen an der Bevölkerung ab wie Wasser vom Autolack. Kunstmann: „Selbst die begeistertste und überzeugendste Glaubensbotschaft muss heute schlicht mit Desinteresse rechnen: ‚Schön für dich!‘“[33] Das bedeutet nicht, dass der Glaube an das Gute, Wahre und Schöne – an Gott – einfach ausgelöscht sei. Nur: Es ist weniger ein Wissen denn ein Träumen, ein Ahnen, ein Für-möglich-Halten in den tiefsten Tiefen unseres Gehirns.

Für Kunstmann ist dieses Unberechenbare, Weiche, sich immer wieder rasch Entziehende der Kern eines modernen religiösen Empfindens – genauso spontan wie unser gesamtes übriges Leben. „Ich will mich nicht festnageln lassen“, ist sein Gefühl. Deshalb ist dieses neue religiöse Gefühl gegenüber den klassischen religiösen Ausdrucksweisen in Gebet und Kult nicht einfach minderwertig, nicht falsch. Es darf nicht als Pseudoreligion schlecht gemacht werden. Das Neo-Religiöse ist auch nicht weniger echt als das bewusste religiöse Bekenntnis. Seine Gestalt und Erscheinungsweise ist einfach nur anders. Es verwirrt uns freilich, dass eine – so Kunstmann – „religiöse, mythologische, existentielle Darstellung nicht mehr umstandslos und objektiv als Religion gekennzeichnet werden kann. Ob es sich um Religion handelt, erschließt sich – weitgehend – nur noch subjektiv". Meine Religion gehört mir, mir ganz allein. Zunächst jedenfalls.

Das mögen die Kirchen beklagen. Diese Entwicklung muss man jedoch nicht nur negativ, man kann sie positiv sehen: als innere Rebellion einer Generation gerade von neuen Vätern und neuen Müttern gegen die Massenkultur. Wo alles tauschbar, verhandelbar, einsehbar, kontrollierbar ist, gibt es trotzdem noch den letzten intimen Ort, an den ich niemanden anderen heranlassen muss: meine Religion, meine innerste Rührung, meine innerste Sehnsucht – für mich und meine Kinder. Was mich als einmaligen Menschen einmalig ergreift, das muss ich nicht preisgeben. Darüber muss ich nicht verhandeln. Es ist „meine Offenbarung" im Klangbrei und in der Bilderflut unzähliger anderer „Offenbarungen" Wo so vieles als „letzter Schrei" inszeniert wird, gibt es dennoch den einen Schrei, der allein mich berührt. Kunstmann verweist auf Paul Tillichs Verständnis von Religion als das, was mich „unbedingt angeht".

Dieses neue Religiöse mag manchmal wenig ernsthaft erscheinen. Es mag oberflächlich als Show, Spiel, Spaß daherkommen. Aber darin geht es nicht auf. Es bleibt das Fremdartige, Exotische, Abenteuerliche. Es ist nie fern von Liebe und Tod, Untergang und Erlösung, dem Bösen nah wie dem Guten, dem Opfer, der wahren Rettung.

Das zeigt sich zum Beispiel in den Kinowelten, eindrücklich im jüngsten Film über den Untergang der „Titanic": eine zarte Liebesgeschichte vor dem Hintergrund der Katastrophe. Joachim Kunstmann ist davon überzeugt: Hier spiegelt sich das Lebensgefühl unserer Zeit höchst verdichtet religiös. „Die ‚Titanic' ist das Symbol des technischen Stolzes, der selbst erschaffenen Sicherheit, die in der Kälte der erbarmungslosen Natur versinkt ... Überblendet ist das Bild mit dem anderen, alten zentralen Mythos der Liebe, der eigentlich genauer als der letzte verbleibende Traum der Moderne zu bezeichnen ist, und der auf einer zweiten Ebene die Spannung von Leben und Tod zur Darstellung bringt. Es ist der Traum, noch einmal Liebe als Gehaltensein durch einen anderen zu erleben, der sich ganz hingibt bis zum Selbstopfer." Durch den Tod des liebenden Mannes wird die liebende Frau zu ihrem Leben finden. In der emotionalen Berührung und Bindung über den grausamen Tod hinaus wird ein Vorschein des Ewigen, des Jenseitigen lebendig bereits im gequälten Hiersein, im tragischen Diesseits.

Ist das schon Religion? Wenn nicht: Wo sonst beginnt Religion, wenn nicht mitten in unserer Welt? Auch das Christentum lebt nicht allein aus Offenbarung, sondern ebenfalls aus der Erfahrung, der natürlichen Theologie des Menschen, aus dem Licht der Vernunft. Nach wie vor wächst jede religiöse Ahnung auf dem Mutterboden der Gefühle: in der Erzählung, der Musik, im Bild, auch im wissenschaftlichen Staunen und Erklären. Religion braucht ein gedeihliches Klima, Atmosphäre, Aufmerksamkeit, Achtsamkeit, Andächtigkeit. So war es freilich immer auch schon im Christentum. Das ist heute nicht anders als bei der ersten Verkündigung der Auferweckungsbotschaft, wie sie sich im Neuen Testament manifestiert hat. Religiöse Neugier beginnt persönlich, privat. Entscheidend ist, dass sich ein inneres Auge entwickeln kann, das innere Bilder sehen lernt. Dann kann man allmählich das Fremde, Anstößige, Irritierende wahrnehmen: vielleicht sogar den Altar, das Kreuz, den Gekreuzigten, den Auferstandenen.

Kunstmann schätzt die Rolle von sakralen Räumen in einer säkularen Kultur hoch ein, wie wir sie zum Beispiel als Touristen fasziniert aufregend wahrnehmen. Da wächst ein Gespür für die Aura, für das Umfeld von Besonderem, von Heiligem. Kirchen, Klöster, Kapellen etwa „bergen eine Atmosphäre, die es … zu entdecken und aufzuschließen gilt und von der im übrigen begründet angenommen werden kann, dass sie tiefen Bedürfnissen vieler moderner Menschen entgegenkommt".

Personen, die nach langer Distanz zur Kirche wieder oder

erstmals überhaupt mit Christlichem in Berührung kommen, suchen anfangs weniger die umgreifende Gemeinschaft der Pfarrgemeinde. Im Gegenteil fürchten sie die Vereinnahmung durch den Zwang zur aktiven Teilhabe am Kult. Vielmehr wünschen solche Personen – gerade auch mit eigenen Kindern – lieber das Volkskirchliche, das eine gewisse Distanz erlaubt. Man bevorzugt das wohltuend Stille, eine gewisse Anonymität und Einsamkeit: Meditation, Gebet, ein stiller Besuch in einer stillen Kirche, wo man vielleicht nur eine Kerze anzündet, ein Konzertbesuch im Gotteshaus. Bei religiösen Zeichenhandlungen ist die persönliche Segnung für einen selbst und die eigenen Kinder, der individuelle Zuspruch Gottes viel wichtiger als irgendeine Präsenz in der lichtvollen Gemeinde, im religiösen „Kollektiv". So gibt es unter allen religiös sich mit ihren Kindern vorantastenden Menschen ein starkes Bedürfnis nach einer „privatisierten individuellen Teilnahme" an einer Liturgie, die das Geheimnis des Glaubens nicht nur als Offenbarung feiert, sondern mehr noch als Mysterium eines vor allem *unbekannten* Gottes.

Das Einsamsein, das Singlesein, das Abstandhalten im religiösen wie im profanen Bereich ist freilich kein Ideal. In unserer Kultur macht sich inzwischen eine erhebliche Ernüchterung über diese Lebensform breit. Die Erziehungswissenschaftlerin Marianne Gronemeyer beschreibt die Kehrseite: Die große Unabhängigkeitsidee, die mit dem Leben als Single verknüpft war, hat keineswegs verhindert, „dass sich Menschen nicht doch sehr einsam fühlen, sehr verloren, wie eine Daunenfeder im Windkanal hin und her getrieben. Es bedarf der Zusammenschlüsse von Menschen"[34].

Das heißt: Die neureligiöse Neugier gründet zwar in einem geistig-geistlichen Singlesein, in einer sehr individuellen Durchdringung der Gottesfrage für mich selbst. Aber ich brauche ebenso das Gemeinschaftliche, das Netzwerk von Freundinnen und Freunden, mit denen ich über meine religiösen Entdeckungen oder Wiederentdeckungen reden kann, ohne mich schämen zu müssen. Dasselbe brauchen wir als Eltern: eine religiöse Verständigungsmöglichkeit über jene spirituellen Neuentdeckungen, die wir mit uns und mit unseren Kindern machen. Eine religiös ernsthaft suchende Gemeinschaft, in der man sich „aufgehoben" fühlt, ohne vereinnahmt zu sein. Religiöse Individualität und spirituelles Gemeinschaftserleben – das eine geht nicht ohne das andere. Den Weg durch die religiöse Einsamkeit erspart uns niemand. Wir selber können ihn uns nicht ersparen. Aber dort gedeiht auch die Hoffnung.

6 Modern religiös sein

Was mir gut tut: Rituale und Symbole

Die Achtundsechziger-Generation jagte revolutionären Träumen vom großen Glück nach. Sie war selbst gejagt, auf der Suche nach Befreiung, nach Emanzipation. Sie war mit sich und der Welt – und mit „Gott" – unzufrieden. Diese Aufsässigen gegen bürgerliche Spießigkeit und geistig-politische Erstarrung, die im Streben nach dem Besseren sich voller Weltschmerz häufig selber unglücklich machten, waren die Betroffenen einer seinerzeit viel gelesenen ironischen „Anleitung zum Unglücklichsein".

Das utopische Lebensgefühl, das die Generation der Achtundsechziger aufbrechen ließ, ist gedämpft. Längst haben Anleitungen zum Glücklichsein die Anleitung zum Unglücklichsein abgelöst. Die Wege zum kleinen Glück stehen jedermann und jederfrau offen. Auch die Wege zum Glück der Religion? Der Wiener Theologe Paul Michael Zulehner meint, es gebe gewisse Anzeichen dafür, vielleicht sogar für einen – wie er es bezeichnet – „Megatrend Religion". Eine wiedererwachende religiöse Neugier mache sich vorwiegend in kulturellen Zentren, in den Großstädten, unter den Bildungseliten bemerkbar. Nicht aus den Kirchen kommt die spirituelle Erneuerung, „sondern aus der Säkularität", das heißt: mitten aus der verweltlichen Welt. Auf „Religiöses" stoße man gerade unter Menschen, die voll im Leben stehen, häufig in psychisch stressigen Berufen arbeiten, Journalisten, Fernsehmacher, Ingenieure, Manager, Architekten, Künstler. „Es sind schwerpunktmäßig Frauen und zudem Personen, die zwar noch jünger sind, aber schon ein gewisses Maß an turbulenten Lebenserfahrungen hinter sich haben. Oft erzählen diese Menschen, dass sie ihr Leben als zu … flach, zu banal und zu eindimensional empfunden haben."[35]

Diese Leute sind Kinder der Moderne und möchten das mit

ihren eigenen Kindern auch bleiben. „Sie wollen schlicht eine lebensfreundlichere Art der Moderne." Aber eben auch: eine lebensnähere Art zu glauben, eine zeitgemäß erbauliche Frömmigkeit. Ob sich darin gleich Hunger und Durst nach Gotteserfahrung verbirgt, bleibt ungewiss. Offenkundig jedoch ist: Von der Kirche erwarten diese Leute nicht viel. Die christlichen Gottesdienste wirken auf sie weltfremd. Das Leben in den Pfarrgemeinden erfahren sie als religiös erschreckend belanglos, „spirituell ausgehungert und ausgebrannt". Die Liturgie erleben sie, als ob „man auf die moralische Schulbank gesetzt wird". Aber moralische Belehrung hat man genug. Im Heiligtum sucht man die nicht, vielmehr „Heilung an der Wurzel der Seele". Nicht wenige wünschen eine „Reise ins Innere, ins eigene Ich, dann die Reise ins Weite, also die Einordnung in den Kosmos, in seinen größeren Sinnzusammenhang, außerdem die Suche nach liebevoller oder doch respektierender Gemeinschaft". Diese Bewegten und Aufgeschlossenen haben keine Berührungsangst vor fremden Traditionen. Zulehner: „Sie sagen: Ich suche, und ich gehe davon aus, dass ich, wo immer es etwas Gutes für mich gibt, es mir holen kann."

Oft wird diese Haltung von Bischöfen, Pfarrern, Theologen als esoterische Auswahlreligiosität schlecht gemacht. Man unterstellt, jene Fragenden, die sich um ihren eigenen Lebensweg und den ihrer Kinder sorgen, interessierten sich nicht für Wahrheit. Ihnen sei eigentlich alles gleich gültig, gleich beliebig. Solche Einschätzung verkennt aber die Realität. Denn jeder Mensch will in der Wahrheit leben und nicht in der Unwahrheit. Aber was ist Wahrheit in den vielen behaupteten Wahrheiten? Wahrheit muss sich auch als Weisheit erweisen. Zulehner: „Wahr ist, was sich in der Lebenserfahrung bewährt. Wahr ist, was mir gut tut. Ja, es geht um die Wohl-Lust, Wellness. Aber das kennen Christen ja auch. Der Inbegriff des ewigen Lebens, der Wellness bei Gott, wäre ja streng genommen etwas vom erhofften und erträumten Paradies, das uns von Gott verheißen ist im neuen Jerusalem."

Die neue Religiosität orientiert sich nicht mehr am Wochenrhythmus, am Sonntagmorgen, sondern an Lebensübergängen, an Lebenseinschnitten des Individuums: zum Beispiel an Geburt und Geburtstag, Kindergartenbeginn und Einschulung, Schulabschluss und Ausbildungsbeginn, Berufsfindung und Partnerfindung ... Zugleich wächst das Bedürfnis, die Bedeutsamkeit dieser Lebensphasen durch Ritus und Kult zu inszenieren. Sie sollen bei aller Öffentlichkeit privat und familiär sein. Man möchte dazu lieber Symbole als religiöse Bekenntnisse. Sie lassen dem Einzelnen mehr Spielraum zu persönlicher Deutung. Vor allem nimmt diese Freiheit des Symbolischen die Lebenserfahrung des mobilen, oft heimatlosen und einsamen Menschen auf. Dieser weiß, was geschehen ist. Er weiß nicht, was noch alles geschehen wird. Und er will das jetzt auch gar nicht unbedingt wissen. Er weiß auch, was sich einzig als kleines Glück erfüllen konnte, wenn die vielen allzu großen Glücksversprechungen zerstoben. Mein bisschen Glück soll mich tragen. Es soll mich trösten und mir Lebensenergie verschaffen. Was ich in meiner Lebensgeschichte aus der Vergangenheit auf der sicheren Seite habe, ist dafür erheblich wichtiger als diffuse Behauptungen auf die Zukunft hin.

Die Folgen unserer Geburt haben wir „vor Augen", ebenso die Geburt unserer Kinder, unsere „Wiedergeburt" bei Gott nach dem Tod – falls es sie denn geben sollte – aber nicht. Jeder ist tief berührt vom Wunder des Lebens, das ihn und die ihm Lieben auf die Welt gebracht hat. Das Wunder eines ewigen Lebens dagegen erscheint höchst ungewiss. Das Gestern ist konkret, das Morgen abstrakt. Über die „letzten Dinge", über Unsterblichkeit, über ein „ewiges Leben" kann man nur spekulieren. Was einem an Gutem, Wahrem und Schönem bereits widerfuhr, ist dagegen auf immer eingesenkt in mein Menschendasein. Das habe ich auf der sicheren Seite inmitten aller Unsicherheit.

Entsprechend verschieben sich die Akzente von der Erwartung der Zukunft zur Erinnerung der Vergangenheit und der gerade verflossenen Gegenwart. Nicht mehr das „Wohin" des fortschrittsoptimistischen zwanzigsten Jahrhunderts prägt die Sehnsucht, vielmehr das „Woher", die „Geburtlichkeit des Menschen" (Matthias Morgenroth). Der moderne Religiöse ist ein Agnostiker des Kommenden, aber ein Gläubiger des Gegangenen. Aufgrund allzu vieler Täuschungen und Enttäuschungen will er über Gott und Mensch von morgen und übermorgen nicht allzu viel wissen.

Der Vergegenwärtigung des Geschehenen dienen die Rituale – nicht selten außerhalb der Kirchen. Vor allem Segenshandlungen sind beliebt. So lassen junge Eltern ihren Kindern gern von der Pfarrerin oder vom Pfarrer die Hand auflegen. Andere freuen sich, dass sie einen Liebespartner gefunden haben, mit dem sie einen längeren Lebensabschnitt in Treue zusammenleben möchten – und lassen sich, ergriffen vom Geheimnis der Liebe, einen Segen zusprechen. Manche Eltern wollen mit einem alternativen „Weihe"-Ritus die Lebenswende ihrer Kinder vom Jugend- ins Erwachsenenalter feiern lassen oder den Übergang von der Schule in die Ausbildung. Der Journalist Hartmut Meesmann deutet die Entwicklung so: „Rituale verdichten Erfahrungen. Viele Menschen scheinen heute solche Verdichtungen mehr denn je zu wünschen."[36] Das gilt in besonderer Weise für Eltern zugunsten ihrer Kinder.

Dies öffnet den Zugang vielleicht doch auch wieder für den Sinn der christlichen Sakramente. Sie wollen das Heilige, Heilende, Göttliche, Jenseitige mitten im Diesseitigen, das Zukünftige im Gegenwärtigen durchscheinen lassen, das Hier und Heute aufs Morgen öffnen, die Seele einstimmen auf Befreiendes, das uns wirklich dauerhaft glücklich, eben selig machen kann. Zulehner sieht Chancen dafür, dass die Menschen – auch die Kirchen – den inneren Sinn des Sakramentalen neu entdecken in seiner ganzen befreienden Weite. „Ich bin nicht für eine magische Ritualisierung … Aber ich bin für eine neue Verwebung der Symbolkraft des Wortes und der Symbolkraft der Handlungen und der Dinge." Modernität mit Spiritualität verknüpfen – das ist die Herausforderung an Einzelne wie an

Familien, an den wechselseitigen Erziehungs- und Lernprozess zwischen Eltern und Kindern, ja an die Gesellschaft insgesamt.

Mein bisschen Glück

Christen erliegen nicht selten einer gewissen Leibfeindlichkeit. Sie meinen, der Mensch solle nicht irdisches Glück suchen, sondern allein die ewige Seligkeit. Aber dieses „Entweder – Oder“, in dem das eine das andere ausschließt, entspricht nicht der Lebenswirklichkeit. Es entspricht nicht der Tatsache, dass Gott bereits mit der Erschaffung der Welt die Erde und das Irdische als gut und nützlich und sinnvoll dem Menschen anvertraut hat. Auch der christliche Glaube an die Auferstehung des Leibes „nach“ dem Tod – wie immer man sich dies in den bruchstückhaften Sprach- und Denkbildern vorstellen mag – ist leibfreundlich. Nicht häufig genug sind den Christen selber jene beiden Worte in Erinnerung zu rufen, mit denen das seinerzeit Aufsehen erregende Dokument des Zweiten Vatikanischen Konzils über die Kirche in der Welt von heute beginnt: „Freude und Hoffnung, Trauer und Angst der Menschen von heute, besonders der Armen und Bedrängten aller Art, sind auch Freude und Hoffnung, Trauer und Angst der Jünger Christi. Und es gibt nichts wahrhaft Menschliches, das nicht in ihren Herzen seinen Widerhall fände.“

Glück ist sehr wohl ein Name Gottes. Welches Glück aber suchen die Menschen in der Erlebnisgesellschaft? Geht es ihnen tatsächlich nur um vordergründiges oder oberflächliches Glück? Personen aus guten wirtschaftlichen Verhältnissen schätzen sich zwar, wie man aus Umfragen weiß, weitaus häufiger als glücklich ein als Leute aus sozial schwächeren Bevölkerungskreisen. Von einem blanken Geld-Glück, vom puren materiellen Glück kann bei den Erwartungen jedoch keine Rede sein. Beziehungswerte rangieren immer weit höher auf der Skala des Glücksempfindens: der Wunsch nach einer intakten Familie und Gesundheit, nach einem verständnisvollen Ehepartner, nach Kindern, an denen man sich freuen kann. In erstaunlich traditionellen Vorstellungen von Zufriedenheit beschreiben die meisten Menschen – auch die Jugendlichen – ihren Traum vom erfüllten Leben. Gewiss gehört ein gutes Einkommen mit dazu, den Kristallisationskern aber bildet das nicht. Vielmehr handelt es sich um ein Netz von Hoffnungen: Die familiäre Beziehung soll gut sein, die Mitglieder sollen möglichst gesund bleiben, die Lebenspartner wollen einen Beruf ausüben, der ihren Neigungen und Fähigkeiten entspricht. Dazu gehört ein gesichertes Einkommen, um so vor allem auch den Kindern eine gute Perspektive für ihr Fortkommen geben zu können. Das erste Glück materiellen Wohlergehens ist praktisch immer überlagert von der Ahnung eines seelisch-leiblichen immateriellen Glücks.

Ein Glück jenseits unseres begrenzten irdischen Lebens kommt dabei noch recht wenig in den Blick. Dennoch äußern sich die Menschen auch dazu positiv, freilich schüchtern. Man möchte mit religiösen Bekenntnissen nicht peinlich aus dem Rahmen fallen. So gibt man oft weniger Glauben zu, als man tatsächlich hat. Auffällig ist, dass religiös Orientierte stärker als weniger religiös Interessierte sich bereits jetzt wirklich glücklich fühlen. Ein direkter Weg zum Glück ist Religion jedoch nicht. Gläubige Menschen sind häufig sogar besonders feinfühlig für das Schreckliche, Tragische, Sündige und Erlösungsbedürftige dieser Welt. Für sie ist es ein quälendes Problem, warum Gott das Elend zulässt, ja mit der Schöpfung der Evolution in Kauf genommen hat. Hätte er nicht eine bessere Weltordnung im Werden schaffen können, in der wirklich – wie in der biblischen Schöpfungserzählung behauptet – alles gut war, zumindest gut werden konnte?

Die Dunkelheit und Entzogenheit eines mysteriösen Gottes im Chaos der Weltgeschichte macht es oft ausgesprochen schwer, in einer unmittelbaren Weise vom Glück zu sprechen. Das Glück des Glaubens erscheint vielen eher als eine kritische

Anfechtung des Glaubens denn eine fraglose religiöse „Happyness", einfach zum Wohlfühlen. Der geheimnisvoll-schweigsame Gott, der in seinem unergründlichen Ratschluss das Unglück nicht nur passiv hinnimmt, sondern aktiv in die Evolution hinein geschaffen hat, kann mit den unzähligen Ratgeberbücher auf den Bestsellerlisten – „Sorg dich nicht, sei glücklich" – kaum konkurrieren. Zum effektiveren Glücklichwerden taugt das Christentum mit einem Erlöser am Kreuz außerdem wenig. Das Glück des Christentums zeigt sich eher als Labyrinth und Widerstand: nicht ohne Mysterium, nicht ohne Mystik, nicht ohne Widersprüche, nicht ohne das Unharmonische, nicht ohne das Drama eines „unvollendeten" Gottes in einer unvollkommenen Welt und Geschichte, in einer mit Katastrophen beladenen Evolution. Im geistig schreienden Beten zum abwesenden Gott kann sich die Hoffnung auf Glück, auf Vollendung und Heil expressiv verdichten. Diese Hoffnung ist nicht indifferent gegenüber dem Leiden. Sie ist aber auch nicht indifferent gegenüber dem manchmal recht einfachen Streben nach Wohl und Wohlstand.

Das „Staatslexikon" schreibt über das Glück – genauer: über die Spannung zwischen irdischem Glücksverlangen und religiöser Glückseligkeit: „Die gleichmäßige Befriedigung möglichst vieler Bedürfnisse erzeugt nicht automatisch Glück." Vielmehr sei es eine „Sehnsucht". Zitiert wird Gertrud Höhler: „Glück ist Fülle. Das heißt aber: Glück ist da, wo etwas uns ganz erfüllt … Glück ist der Genuß der Vollständigkeit unseres Daseins, mitsamt seiner Einbettung in einen Sinn."[37] Glück ist laut „Staatslexikon" zuallererst: „Sinnfülle".

Es ist auch Lust – eine Lust, die Ewigkeit will und daher unser Gehirn sowohl im Denken wie im Fühlen der Ewigkeit aussetzt, auf Ewigkeit hin orientiert. Das, was wir bereits haben, kann doch nicht alles gewesen sein! Das Glück greift über das, was wir sind und haben, hinaus. Die Glückssehnsucht verlangt von uns entsprechend ein Mehr, ein entschiedenes Hinausgehen über das, was das Gehirn sich bereits vorstellen kann. Das zeigt sich in der Art, wie wir über Glück reden oder eben nicht über Glück reden, weil wir es nicht banal machen wollen. Im Widerstand gegen das billige Glück provoziert der Mensch sich selbst ständig neu, nicht klein beizugeben und das nochmals größere Glück zu suchen. Größer als alles Glück ist das wirkliche Glück.

Für den Bonner Neurophysiologen Detlef B. Linke zeigt sich da ein geradezu intuitiver, wahrhaft geistiger Ausgriff in die Unendlichkeit: „Werden Menschen gefragt, ob sie an eine Glücksmaschine angeschlossen werden möchten, so verneinen sie das zutiefst. Eine Dauerinfusion, ein Brainchip, eine rosa Pille, um neunzig Jahre glücklich zu sein, sind nicht das, was sie sich vom Leben vorstellen. Offenbar liegt der Rede vom Glück noch etwas zugrunde, was oft nicht ausgesprochen wird, nämlich dass es nicht nur eine bloße Emotion ist, sondern eher etwas, das sich in einem größeren Zusammenhang in einer Beziehung und oder auch in einem größeren Sinnzusammenhang verwirklichen soll."[38] Der Sinn, den wir über alles hinaus suchen, sprengt jede Ordnung, immer wieder auch die feinen Glücksordnungen und Glückskalküle unseres Gehirns.

Da kommt – ob bewusst oder unbewusst – schließlich doch die Religion mit ins Spiel. Linke gibt zu bedenken: „Vielleicht liegt eine entscheidende Bedeutung der Religion ja gerade darin, dass in der Welt und im Menschen nicht alles so fest gefügt ist, wie er sich dieses wünschen würde. Man weiß, dass das menschliche Gehirn, um von einem Programmstatus zu einem anderen übergehen zu können, nahe am Rand des Chaos arbeiten muss, da sonst die Übergänge nur unter höchstem Aufwand geleistet werden können. Dann bietet es sich aber an, das Geschehen der Religion gerade dort anzusiedeln, wo die Übergänge, Risiken und Unberechenbarkeiten, wo das Chaos und möglicherweise Unendliche das vermeintlich Wohlgeordnete in Aufruhr zu bringen drohen und wo das ganze auch noch so sorgfältig gepflegte Sortiment an Emotionen plötzlich durcheinander zu purzeln droht. Verfolgt man diesen Gedanken, dann wäre Religion der Versuch, den eigenen Befürchtungen auf verschiedenste Weise (unter anderem auch durch den Versuch der stärkeren Emotion der Liebe) beizukommen." Religion jedenfalls nicht als Beruhigung, als Opium des Volkes und des Gehirns, sondern vielmehr als dynamischer Ansporn. Gott nicht als Schlafmittel der Persönlichkeit, sondern als Unruhestifter für unseren Geist, der das produktive „Chaos" des Gehirns nutzt, damit wir auf die Spur des real Unendlichen kommen.

Der christliche Glaube an Gott und an die Rettung durch Gott aus dem Tod bewegt sich genau an dieser Grenze des Denkbaren, Wohlgeordneten und Endlichen hin zum Undenkbaren, Chaotischen und Unendlichen, mit dem ein menschliches Gehirn allerdings rechnet, ja den Geist zum Überschreiten anspornt. Der biblische Glaube stellt sich gegen eine fatalistische Sicht, wonach der Mensch in einen unbeirrbaren Lauf von anonymen Schicksalsmächten fest eingespannt sei. Auch Gott kann nicht einfach nur eine solch anonyme Schicksalsmacht sein, unpersonal, abstrakt, kalt, gefühllos. So unvollkommen und begrenzt unsere Rede von Gott als „Person" auch sein mag, so sehr sie menschengestaltige Vorstellungen dem Höchsten überstülpt, sie trifft dennoch gute und wahre Empfindungen: Ohne Personalität, ohne Beziehung kann es kein Glück geben, keine Liebe, kein Verständnis. Ohne Personalität wäre unser Gehirn erkaltet. Wenn Gott nicht auch „irgendwie" personal und personbezogen zu denken ist, kann er mit uns Menschen, die wir alle Personen sind, nicht in Verbindung treten. Wozu dann Gott? Gott geht in unseren personalen Vorstellungsmustern gewiss nicht auf. Aber falls Gott neben dem Unpersonalen von Materie und Energie auch das Personale geschaffen hat – Liebe, Zuneigung, Beziehung, Sexualität, Du-Bewusstsein und Ich-Bewusstsein –, dann kann ihm dieses Personale nicht völlig fremd sein.

Gott will das persönliche Glück jedes Einzelnen, nicht seinen Untergang, nicht seine Verdammnis. Jede menschliche Person ist ein Unikat, in seinem Leiden wie in seinem Glücksstreben. Auf dieser Einzigartigkeit gründet das Selbstwertgefühl jedes Menschen. Jeder Einzelne kann sich als von Gott geliebt, ja zum Glück geschaffen wissen. Auch den Menschen, die von sich meinen, religiös eher „unmusikalisch" zu sein, kann diese Vernünftigkeit der Liebe, des Glücks der personalen Beziehung durchaus einleuchten. Falls es Gott gibt, ist es durchaus plausibel, dass der Mensch wirklich so etwas wie sein „Ebenbild" ist und dass Gott etwas von dieser Ebenbildlichkeit „an sich hat". Freilich können wir dies nur nach unserer eingeschränkten Vorstellungskraft zu beschreiben versuchen.

Christen deuten die Ebenbildlichkeit darüber hinaus gemäß dem, wie frühere Glaubenszeugen in einer über-individuellen Glaubensgemeinschaft Gott als biblisch geoffenbart durch die Geschichte hindurch überliefert haben. Auch dies geschieht im kritischen Bewusstsein, dass in aller Ähnlichkeit Gottes Unähnlichkeit zu unseren Vorstellungen weitaus größer ist. Doch die Fähigkeit, auch das Nicht-Denkbare plausibel denken zu können, gehört mit zu unserer besonderen Eigenschaft, Mensch zu sein.

„Projektion" ist nie nur Projektion – und nicht einfach identisch mit Illusion. Allein durch begründete und begründbare „Projektion", Imagination und Intuition wird Wahrheit erkannt. Das gilt für die Religion genauso wie für die exakte Wissenschaft. Insofern schweben unsere Vorstellungen vom Glück und vom möglicherweise größeren Glück „Gott" nicht einfach „in den Wolken", sondern haben einen Boden. Die Rede vom Glück ist nicht ortlos, nicht sinnlos, nicht abwegig.

Ähnliches gilt für die christliche Rede von der Auferweckung Jesu Christi und der Auferstehung der Toten. Solche Bildsprache von der Entmachtung des Todes muss ebenfalls für den religiös Unmusikalischen nicht bedeutungslos sein. Jede Sprache spricht, stellt vor, lädt ein, regt an und auf – zum

Denken, Fühlen, Weitersehen. Das gilt nicht minder für eine kultivierte, bewegte, weiterentwickelte religiöse Sprache. Freilich können wir uns hier nur in Hoffnung und auf Hoffnung hin äußern. Aber Hoffnung ist nicht nichts. So wie es Stufen des Glücks gibt, so gibt es auch Stufen der Hoffnung, ja Stufen zum Glauben und Stufen im Glauben, Schritt für Schritt – ein Leben lang. So kann selbst aus religiöser Gleichgültigkeit vielleicht doch Gottesahnung und Gottesnähe wachsen.

Manchmal wird aus dem ersten Glück, das uns im Lauf des Lebens entschwindet, dann doch noch ein zweites, das bleibt. So haben es etliche Zeitgenossen im Umfeld Jesu erlebt. Das erste Glück der Begegnung mit dem irdischen Jesus ließ sich nicht festhalten. Doch konnten sich durchs Un-Glück, durch die tragischen Ereignisse des Kreuzestodes Jesu hindurch die Augen öffnen und die Horizonte weiten: hin zur inneren Erfahrung eines zweiten, eines „jenseitigen" Glücks: der Auferstehung. Das österliche Glück der Christus-Begegnung stellt sich recht unspektakulär, wenig sensationell ein, mitten im Unglück des Kreuzestodes Jesu. Über die beiden trauernden Männer auf dem Weg nach Emmaus, die einem Unbekannten begegnen, der sich später beim Abendmahl durch das Brotbrechen als der auferstandene Christus erweist, heißt es im Lukasevangelium: „Da gingen ihnen die Augen auf, und sie erkannten ihn; dann sahen sie ihn nicht mehr" (24,31). Zwischen Sehen und Nicht-Sehen verdichtet sich auch heute gar nicht so selten das erste diesseitige Glück der Menschen zum zweiten jenseitigen Glück: zur Hoffnung auf Auferstehung und ewiges Leben bei Gott.

7 Was sagt mir „Gott"?

Religiöse Neugier angesichts der Wissenschaft

Die Menschen können – anders als in früheren Epochen – anscheinend ganz gut ohne Sehnsucht nach dem Himmel leben. Zur Freiheit des Menschen gehört die Freiheit, auch ohne Gott auskommen zu wollen und ganz und gar nicht darunter zu leiden. Jeder kann nach seiner Façon „glücklich" werden. Niemand ist gezwungen, sich mit der Gottesfrage zu befassen. Man kann sie ignorieren. Man kann die Tatsache bewusstseinsmäßig ausblenden, dass die Gottesahnung ein wesentlicher Teil der Menschwerdung des modernen Menschen ist, ein Phänomen evolutiver Welterkenntnis. Jeder hat das Recht zu seinem persönlichen Nicht-wissen-wollen, auch in religiösen Dingen. Aber: Ein wacher Geist, ein sensibles Bewusstsein, ein gebildeter Mensch wird, unabhängig davon, ob er glaubt oder nicht, sich damit auseinandersetzen.

Was sagt mir „Gott"? Was sagt uns „Gott"? Die Gottesahnung, die im Lauf der menschlichen Evolution viele Generationen bewegt hat, kann im 21. Jahrhundert ebenfalls die Nachdenklichen bewegen. Unsere Lebenswelt ist aufgeklärt, entmythologisiert, wissenschaftlich. Trotz mancher romantischen Suchbewegung zurück zu einer angeblich ganzheitlichen und unberührten Natur haben wir schon immer diese wissenschaftliche und rationale Welt als unsere eigene angenommen – von der modernen Apparatemedizin über die Pille bis zum PC. Wir leben in einer evolutiven, in einer werdenden, sich ständig wandelnden Welt mit immer neuen atemberaubenden Erkenntnissen von der Kosmologie über die Hirnforschung bis zur Bio- und Gentechnologie. Doch die geläufigen Gottesbilder sind nach wie vor sehr einseitig bestimmt von der Vorstellung eines unbewegten Bewegers: Gott als Majestät, der im Grunde alles weiß, alles gemacht, alles bedacht, alles vorherbestimmt und längst alles nach seinem unerforschlichen Ratschluss vollendet hat. Wozu dann aber das alles? Wozu ein Schauspiel der „Marionette Mensch“ auf der Bühne Schöpfung mit jener Majestät als einzigem Zuschauer? Oder kann, muss Gott selbst womöglich ganz anders gedacht werden? Nicht nur als höchstes Sein oder Seiendes, über das hinaus nichts höheres Seiendes gedacht werden kann, sondern auch als ein höchstes Werden, ein höchstes Werdendes, über das hinaus nichts höheres Werdendes gedacht werden kann? Nicht ein unbewegter Beweger, sondern ein bewegter Beweger in einer allüberall evolutiven Welt? Ist derselbe, der ewige Gott vielleicht doch nicht immer der gleiche?

Der Chef-Astronom des Papstes, der Leiter der vatikanischen Sternwarte, der Astrophysiker und Jesuit George Coyne, meint: Die Dynamik und Spontaneität in den kosmischen Entwicklungen, bei der Entstehung und bei der unaufhaltsam weitergehenden Evolution der Welt und des Lebens verlange von uns ebenso eine Weiterentwicklung unseres Gottdenkens. Wir müssten lernen, Gott selber neu zu sehen als einen Gott voller Dynamik, Spontaneität, Entwicklungskraft. Der lebendige Gott hat in lebendiger Weise Teil am Geheimnis ständiger Neuschöpfung. Das Erwachsenwerden der Welt und das Erwachsenwerden des Menschen – dieser immerwährende Werde-Prozess – wird begleitet und angespornt von einem Gott, der selber Bewegung, der selber Geist und Geistesenergie ist. Coyne sagt: „Wenn wir die Ergebnisse der modernen Wissenschaft ernst nehmen, fällt es schwer zu glauben, dass Gott allmächtig und allwissend ist im Sinne der scholastischen Philosophen. Die Wissenschaft erzählt uns von einem Gott, der sehr anders sein muss als der Gott, den mittelalterliche Philosophen und Theologen sahen. Könnte Gott zum Beispiel nach einer Milliarde Jahre eines fünfzehn Milliarden Jahre alten Universums vorhergesagt haben, dass menschliches Leben entstehen würde? Gehen wir davon aus, dass Gott im Besitz der ‚Universaltheorie‘ wäre, alle Gesetze der Physik, alle Elementarkräfte kennen würde. Selbst dann: Könnte Gott mit Sicherheit wissen, dass der Mensch entstehen würde? Wenn wir wirklich die wissenschaftliche Sichtweise akzeptieren, dass es neben den deterministischen Vorgängen auch Zufallsprozesse gibt, denen das Universum ungeheure Gelegenheiten bietet, dann sieht es so aus, als könnte selbst Gott das Endergebnis nicht mit Sicherheit kennen. Gott kann nicht wissen, was nicht gewusst werden kann. Dies ist keine Einschränkung Gottes. Ganz im Gegenteil. Es offenbart uns einen Gott, der ein Universum erschaffen hat, dem eine gewisse Dynamik innewohnt und das somit am Schöpfungsakt Gottes teilnimmt. Sofern sie die Ergebnisse der modernen Wissenschaft respektieren, müssen Gläubige Abstand von der Vorstellung eines diktatorischen Gottes nehmen, eines Newtonschen Gottes, der das Universum als Uhrwerk erschaffen hat, das regelmäßig weitertickt ... Theologen haben den Begriff von Gottes fortwährender Schöpfung geprägt. Ich glaube, es wäre eine sehr bereichernde Erfahrung für Theologen und Gläubige, die moderne Wissenschaft unter diesem Begriff der fortwährenden Schöpfung näher zu erkunden. Gott arbeitet mit dem Universum."[39]

Einer, der sich als Physiker und Theologe ebenfalls weit vorgewagt hat, ist John Polkinghorne. Er ist davon überzeugt, dass die alten magischen Vorstellungen von Gott und Welt faktisch erledigt sind. „Die Welt ist nicht magisch, weil ihr Schöpfer kein launischer Zauberer ist."[40] Polkinghorne verlangt, alle Bereiche der Weltwahrnehmung zuzulassen – von der Wissenschaft über die Kunst bis zur mystischen Intuition. Man solle dabei nicht jene Phänomene verdrängen, die wissenschaftlich unangenehm sind, weil sie nicht ins bisherige logische System passen.

Zum Beispiel: „Die Physik mag uns sagen, dass Musik Luftdruckschwankungen sind, und die Neurophysiologie mag die daraus folgenden Nervenaktivitäten beschreiben, die entstehen, wenn der Schall das Trommelfell trifft, aber es wäre völlig irreführend anzunehmen, Musik ließe sich so angemessen erfassen. Ihr Geheimnis und ihre Realität schlüpfen durch die weiten Maschen des wissenschaftlichen Netzes." Die Welt religiöser Erfahrung und Erkenntnis ist wissenschaftlich nicht als Projektion abzutun.

Polkinghorne versucht eine Art ästhetischen Gottesbeweis. Die Effizienz der Mathematik, die Fähigkeit, überhaupt Wissenschaft betreiben zu können, die „rationale Schönheit" und „vernünftige Transparenz" der Theoretischen Physik sind für ihn „Zeichen des Geistes". Die Schlüssigkeit mathematisch-physikalischer Formeln, der Logik, die Befähigung zur Erkenntnis und die Einfachheit in der Beschreibung einer komplexen Wirklichkeit legen nach Polkinghorne Gott nahe. Er verweist überdies auf die Naturkonstanten, die diesen Kosmos und dieses Leben ermöglichen. Bereits geringste Abweichungen würden alles ins Verderben stürzen. Das Unwahrscheinliche im Feld unendlich vieler anderer Wahrscheinlichkeiten und Möglichkeiten wurde Wirklichkeit. Nichts als Zufall? Das wäre für Polkinghorne unlogisch. „Ich ziehe den Theismus deshalb als eine ökonomischere Erklärung vor."

Der Mathematiker Günter Ewald sieht insbesondere im Phänomen, von Ewigkeit und Unsterblichkeit sprechen, ja dieses Undenkbare denken zu können, eine besondere Veranlagung zur Gottessehnsucht. Das Unendliche im Endlichen hirnmäßig durch Verstand und Gefühl überhaupt zu „erfassen", war und bleibt weiterhin eine gewaltige Leistung unseres Gehirns. Es handelt sich dabei nicht nur um eine Glaubensfrage, es ist ebenso eine wissenschaftliche Frage: „Es macht wenig Sinn, dass der ‚Beobachter' eine Episode im Kosmos darstellt, für die Irdischen spätestens nach eineinhalb Milliarden Jahren beendet, wenn die Sonne zum Roten Riesen wird, in dessen Strahlengewand die Planeten dahin schmelzen. Ebenso wenig leuchtet es ein, dass der Mensch sich von anderen Lebewesen nur dadurch unterscheidet, dass er um sein Schicksal weiß, Wegwerfware der Evolution zu sein, Probierobjekt für eine (vorübergehende) Höherentwicklung der Gattung Mensch … Der Beobachter im Kosmos ist so angelegt, dass sein unvollendetes individuelles Leben in einem umfassenderen Kosmos weitergeführt wird."[41]

Ewald ist davon überzeugt, dass die modernen physikalischen Theorien ein Jenseits nahe legen – und Gott. „Ein so gedachtes ‚Jenseits' liegt nicht in der unerreichbaren Ferne schwarzer Löcher, sondern umgibt uns überall, einen winzigen Bruchteil eines Millimeters, eine ‚Planck-Länge' entfernt. Das ‚Fenster zum Jenseits' steht offen, auch wenn unsere sinnesgebundenen Augen nicht hindurchschauen können." Das sind ungewohnte Perspektiven. Doch in einer evolutiven Welt sollen auch die religiösen Vorstellungskräfte wach und offen werden für die neuen Herausforderungen, die auf ungeahnte Weise den Glauben an Gott wieder ins Spiel der realistischen Möglichkeiten bringen.

Das Leben feiern – und den „unbekannten" Gott

Wie kann die Gottessehnsucht modern gefeiert werden? Wie kann die Hoffnung auf ewiges Leben zeitgemäß in religiösen Riten, in Liturgien inszeniert werden? Wie kann sich der lebendige, dynamische Gott Jesu Christi in unsere Freizeit- und Erlebniskultur voller Lebensbejahung und Jugendlichkeit erfahren und darstellen lassen? Das Alte Testament wie das Neue Testament sprechen von einem „jugendlichen Gott", einem Gott und Freund des Lebens, der die Umkehr und Befreiung des Menschen will, nicht seinen Untergang, nicht die Verdammnis des Sünders. Dieser Gott der Erlösung, ja der Lebenslust wird in Gottesdiensten gefeiert. – Gefeiert?

Unser Leben ist in vielen Bereichen zum Spiel geworden, in einem guten Sinn auch zum Schauspiel. Die Liturgie selbst wurde einst als Spiel verstanden, als heiliges Spiel und Schauspiel, in dem das Drama der Heilsgeschichte – Leiden, Sterben und Auferstehung Jesu Christi – veranschaulicht wird. Was aber „spielt sich ab" in unseren Gottesdiensten?

Die Erneuerung des Glaubens geschieht in der Wiederholung, die Erinnerung des Heilsgeheimnisses in seiner Vergegenwärtigung. Das wäre in einem christlichen Horizont eine wichtige Aufgabe: Gott, die Gottesgeburt in Jesus Christus und die Verheißung des Heiligen Geistes bewegend feiern mit den besten kreativ-künstlerischen Kräften und Inspirationen der Gegenwart.

Die gebildeten Athener hatten einen Altar ihres Heiligtums „einem unbekannten Gott" geweiht. Paulus greift auf dem Areopag die Ahnung der frommen Leute auf, dass es noch etwas Ganz-Anderes geben könnte, das sie mit ihrem gewohnten, üblichen Kult nicht verehren. Der Apostel lenkt den Blick auf die Schöpfung: „Gott, der die Welt erschaffen hat und alles in ihr, er, der Herr über Himmel und Erde, wohnt nicht in Tempeln, die von Menschenhand gemacht sind. Er lässt sich auch nicht von Menschen bedienen, als brauche er etwas: er, der allen das Leben, den Atem und alles gibt." In Leib, Seele und Geist feiert der Mensch bereits den unbekannten Gott. Paulus verdichtet die Einsicht hymnisch: „Denn in ihm leben wir, bewegen wir uns und sind wir, wie auch einige von euren Dichtern gesagt haben. Wir sind von seiner Art."

Zu welcher Liturgie des unbekannten Gottes öffnen sich Glaubenssuchende oder christlich Glaubende im dritten Jahrtausend – fünfzehn Milliarden Jahre nach dem Urknall, sechs Millionen Jahre nach Entstehung der ersten affen-menschenähnlichen Lebewesen, hunderttausend Jahre, nachdem der Homo sapiens über die Erde zu pilgern lernte? Ein durch das Feuer der Aufklärung gewandeltes, geläutertes und weiterentwickeltes religiöses Bewusstsein für heute verlangt eine Liturgie, die unbequem ist wie unsere Unruhe, aufmüpfig wie unsere Sehnsucht, laut wie unsere Verzweiflung, still wie unsere Erwartung. Es braucht für uns als erwachsene Leute und für unsere Kinder auf dem Weg des Erwachsenwerdens Gottesdienste und Gottesdienstreformen, in denen wir mit ihnen neu lernen können, achtsam zu sein, zu staunen, zu beten und vor allem –

wirklich zu feiern: angesichts des Todes die Auferstehung, das ewige Leben, die Neuschöpfung der Unsterblichkeit in der Sterblichkeit und durch sie hindurch. Wir brauchen dazu auch eine experimentelle Liturgie, die das Experiment des Lebens, Gottes Ja zum Leben, hineinspiegelt in uns und unsere Kinder, in Herz und Kopf, in unsere Sinne, in unsere Seele – mit den besten Kräften der Kunst, der Musik, der Dichtung, der Wissenschaft der Gegenwart. Die Eucharistie, das Abendmahl, worin Christen die Auferstehung Jesu Christi und die eigene Hoffnung auf Auferstehung feiern, ist das beste Geschenk dieser Glaubensüberlieferung an die Welt. Dieses wiederzugewinnen als Geheimnis des Glaubens und als Frucht des Wissens – das fordert auch die Erziehung heraus.

Auf vielerlei Weise hat der bewegte Beweger Gott im Lauf der Evolution zu den Vätern und Müttern gesprochen. Alle Liturgie beginnt mit einer Erschütterung darüber, dass nicht Nichts ist, sondern Etwas, Vieles, Alles: Leben, Sprache, Bewegung, Sehnsucht, Lieben, Fühlen, Denken, Sein und Wandel – die Gaben der Erde, die Früchte der Schöpfung für unsere Existenz.

Unsere Sprache, dieses einmalige Phänomen der Schöpfung, trägt die Spur der Ur-Sprache des unbekannten Gottes. Sprache aber steht nicht fest. Sie entwickelt sich. Durch Sprechen wird Sprache. Die Würde Gottes ist der lebendige Mensch. Die Würde des Menschen ist der lebendige Gott. Solche Sprache treibt ins Verstummen. Solches Schweigen treibt zum Sprechen, Jubeln, Lobpreisen dessen, den die Himmel nicht fassen und nicht die Himmel der Himmel, um wie viel weniger dieses Haus unserer Welt, unseres Denkens und Fühlens, unseres Gehirns, dieses Haus unserer Feste und unserer Kommunikation mit und ohne Worte.

Der Theologe Karl Rahner meinte, die moderne Hinführung zum Heiligen, zum Geheimnis des Glaubens könne dem Menschen „die Angst nehmen vor der Anfechtung, er erschrecke nur vor den Projekten seiner eigenen Sehnsucht in die Ungeheuerlichkeit des leeren Nichts hinein, wenn er anfängt, Gott anzurufen und ihn, den Unsagbaren, zu nennen ... Solche Mystagogie muss uns konkret lehren, es auszuhalten, diesem Gott nahe zu sein, zu ihm ‚Du' zu sagen, sich hineinzuwagen in seine schweigende Finsternis ...“[42] Gerade für einen modernen Erziehungsweg gilt: Mehr Kult wagen! Mehr Liturgie wagen!

Rätsel des Sexuellen

Gott ist die Liebe. Auch das verkündet die Heilige Schrift. Er hat mit seinem Volk einen Bund geschlossen und ihn immer neu bestätigt. Oft wurde in der jüdisch-christlichen Tradition der Bund Gottes mit den Menschen mit dem Ehebund verglichen, mit der sexuellen Liebesbindung der Menschen. Man denke nur an die erotische Sprache des Hohenliedes oder mittelalterlicher Mystiker. Während in unserer Kultur Erotik und Sexualität einen hohen Stellenwert haben, ist unser Gottesbild weitgehend entsinnlicht, die Beziehung des Menschen zu seinem Schöpfer und Retter keimfrei, chemisch rein gemacht worden, leidenschaftslos und somit bedeutungslos.

Die Entsexualisierung des Göttlichen hat ihren Sinn. Bereits in der biblischen Schöpfungsgeschichte ist diese grundgelegt. Es gibt dort keine sexuell gebundenen Schöpfungsgottheiten wie in anderen Mythen. Sonne und Mond werden bloß als große und kleine Leuchter bezeichnet und nicht als menschengestaltiger Gott oder menschengestaltige Göttin personalisiert. Sie sind nicht geschlechtlich gebunden. Um sich von den orgiastischen Fruchtbarkeitskulten, von der Tempelprostitution der Umwelt zu unterscheiden, hat Israel sich von einem einseitig zeugungsorientierten Gottesbild gelöst. In dieser Tradition steht auch das Christentum. Dass Gotteserfahrung nicht mit sexueller Erfahrung gleichzusetzen ist, hat unseren Glauben entmythologisiert, von Zeugungsmagie befreit. Gott ist nicht Sexualität und die Sexualität nicht Gott.

Diese Läuterung des Gottesbildes hat allerdings auch ihren

Preis: In dem Maß, in dem das Gottesbild entsinnlicht wird, wird die Sexualität religionsfrei – zur rein innerweltlichen, psychischen Macht, zur bloß diesseitigen Lust oder bloßen Technik. So löst sich die menschliche Ur-Erfahrung, dass Liebe, Sexualität und Fruchtbarkeit ein Gottesgeschenk sind, los von ihrer transzendenten Bindung. Die sexuelle Vereinigung des Menschen hat keinen sinnlichen Bezug mehr zur religiösen Vereinigung des Menschen mit Gott und Gottes mit den Menschen.

Das alte Israel hatte trotz seines entsexualisierten Gottesbildes diese symbolische und reale Verbindung nie vergessen. So waren und blieben Fruchtbarkeit und Nachkommenschaft Sinnbilder für die Nähe und Zuwendung Gottes zum Menschen. Statt allgemein die Sexualisierung der Gesellschaft zu beklagen, sollten Christen die ursprüngliche Verankerung personaler Liebe und menschlicher Lust in der Gotteserfahrung bewusst machen. Die Lust auf das Leben und die Lust auf Gott, die Freude an der Schöpfung und die Freude an Gott hängen auf das Allerengste zusammen. Solche Freude schafft Lebenssinn. Sie ist eine gute Grundlage für eine optimistische Erziehung.

Wenn Gott aber nicht „lieb" ist? – Sehnsucht nach Gerechtigkeit

Doch Gott ist nicht nur „gut" und „lieb". Die Gottesfinsternis, die Erfahrung des Nichts, des Nicht-Gottes, des Todes Gottes hat die gesamte Menschheitsgeschichte erschüttert. Sie erschüttert auch uns immer wieder in den kleineren und größeren Tragödien unserer Familien, mit unseren Kindern, in den Ängsten um unsere Kinder. Der alttestamentliche Hiob hält den Zweifel wach. Auch die Kehrseite der Liebe und der Lebenslust ist Gotteserfahrung. Wie soll man Gott heute noch ernst nehmen können im Elend der Welt, bei Leiden, Krankheit, Gewalt und Tod, Krieg, Folter, Barbarei …? Der bloß liebe Gott eines romantisch verzärtelten Gottesbildes ist harmlos und banal, ein „Softie-Gott“, der dieser Welt in ihrer Not nichts zu sagen hat: vielleicht weil er zu allem Ja und Amen sagen muss und am Ende nur noch: Seid schön lieb zueinander.

Eigentlich wussten die Menschen immer schon: Not lehrt beten. An der Kehrseite der Erfolgsgeschichte des Menschen bricht Gott ein, mitten in den Angstzuständen. Man denke an den 11. September 2001, an die apokalyptisch ausgemalten Schrecken von Klimakatastrophen oder Aids. Hinter derartiger Furcht verbirgt sich vielleicht doch noch mehr als bloß eine menschlich-psychologisch verständliche Angst: Gottesfurcht. Die Ökologie- und Friedensbewegung könnte in diesem Sinn eine verkappte, verdrängte Gotteserfahrung wach gehalten haben. Wir sollten uns auch in unserer Erziehung diese Verdrängungen bewusst machen, versteckte, nicht zugelassene Gotteserfahrung deuten und so Gott selber als unsere Sehnsucht zur Sprache bringen: im Eintreten für Gerechtigkeit, Frieden und Bewahrung der Schöpfung für uns und für unseren Nachwuchs.

Die christliche Hoffnung bleibt auch im dritten Jahrtausend politisch – in einem weiten Sinn: dass sie das Bewusstsein für die Leidensgeschichten der Menschen wach hält, dass sie immer neu an die Tragik des Scheiterns erinnert, dass sie den Schrei nach einer Gerechtigkeit, welche diese Welt allein sich nicht geben kann, immer neu zu Gehör bringt. Auch diese Kehrseite des Religiösen, der Zweifel, die Nacht des Todes, gehört zu einem zeitgemäßen Glauben.

Der polnische Philosoph Leszek Kolakowski vermutet, dass sich die Bedeutung des Christentums vor allem an diesem Punkt entscheidet: Die heutige Zivilisation beruhe auf der nicht ausgesprochenen Übereinkunft, dass das Vergnügen das höchste, wenn nicht das einzige Gut ist. „Doch das kann das Christentum auf keinen Fall hinnehmen, wenn es sich nicht den Todesstoß versetzen will.“ Papst Innozenz III. habe vor seinem Tod (1216) einen Traktat „Über das Elend des menschlichen Schicksals“ verfasst: „Heute scheint die Kirche dieses Thema vergessen zu haben. Es scheint, als ob sie sich ihrer

Zeit anverwandeln wolle, indem sie uns suggeriert, es würde auf der Welt immer lustiger. Ich bin aber keineswegs der Meinung, dass es immer lustiger wird." Die Kirche von heute solle Innozenz III. folgen und „vom Elend des menschlichen Schicksals sprechen, selbst auf die Gefahr hin, sich lächerlich zu machen oder sich dem dummen Vorwurf auszusetzen, die Kirche kenne das Leben nicht"[43].

Das Christentum habe Zukunft, wenn es das Wort Gottes auf eine Art verkünde, die es lebendig werden lasse, die das Gewissen erreiche, Menschen erschüttere. Die Zukunft hänge – so Kolakowski – davon ab, jenes Wort durch Vorbild und Glauben zu öffnen, „insbesondere unter jungen und gebildeten Menschen". Das Christentum werde „gerettet werden, aber Heilige, nicht Bürokraten werden es retten, gute Menschen, nicht aufgeblasene Hasser, verschiedene Gemeinschaften von Gläubigen, die sich am Rande der Kirche oder außerhalb – wenn auch nicht allzu weit weg – von ihr befinden".

Mit dem Glauben an den Gott Abrahams, Isaaks und Jakobs, der der Gott Jesu ist, hat das Christentum eine Religiosität wach gehalten, die mehr ist als bloße Morallehre oder Anweisung zum besseren Leben. Viel hängt davon ab, wie dieses „Mehr" auf dem Markt der Meinungen, auf dem Markt der Dienstleistungen und auch auf dem Markt der Erziehungsangebote zur Sprache gebracht wird.

Der amerikanische Religionssoziologe Peter L. Berger meint: „Die Situation, in der wir uns heute in den westlichen Industriestaaten befinden, enthält allerlei Ärgernisse und Probleme. Sie enthält auch eine große Gelegenheit. Wir glauben, dass unser Gott uns nicht im Stich lässt, was immer auf dieser Welt passiert, dass wir deshalb keine Angst haben sollen, nicht vor Tod und Teufel, nicht vor allen Mächten des Bösen, nicht vor Tyrannen. Wir sollen auch bestimmt nicht Angst haben vor den Herausforderungen des Marktplatzes."[44] Wir können uns auf den Wettbewerb des Geistes einlassen, reformwillig, offen, offensiv.

Die Zukunft hängt ab von der Bereitschaft Einzelner, auch in der Gottesfrage erzieherische Verantwortung zu übernehmen. Wir müssen selber heraustreten aus selbst verschuldeter religiöser wie erzieherischer Unmündigkeit, Ignoranz und Bequemlichkeit. So können wir Mut gewinnen, uns auf diesem heiklen Feld des eigenen Verstandes zu bedienen. Wir haben als Eltern ehrlich vor uns selbst und vor unserem Nachwuchs um unseren Glauben, unser Hoffen und Sehnen zu ringen.

8 Intelligenz des Glaubens, Intelligenz durch Glauben – Religion, eine Bildungsfrage

Ich lese, also bin ich

Zwei bis drei Sekunden dauert das *Jetzt*. Vierzehn Silben lassen den Augenblick entstehen. Das bedeutet für das Gehirn: Gegenwart. Auf diese Weise erfährt der Mensch Bewusstsein, „konstruiert“ er sein Dasein und Hiersein zwischen Vorher und Nachher. Lesen ist nicht bloß eine Kulturtechnik. Lesen stiftet Wirklichkeit. Das innere Leben entsteht im Rhythmus des Atmens, der Augenbewegung. Das haben Psychologen und Hirnforscher erforscht.

Der Medizinische Psychologe Ernst Pöppel sieht in der Abfolge der Wahrnehmung eine Art „Zeitfenster“, eine „Bühne im Gehirn“. Das Gehirn ruft „sozusagen alle drei Sekunden: Was gibt's Neues? Alfred Hitchcock und Orson Welles kannten diesen Rhythmus und haben mit Drei-Sekunden-Filmschnitten ihre Spannung aufgebaut. Auch Dichter, Künstler und Musiker wissen das“[45]. Die zwei bis drei Sekunden, die es ungefähr dauert, eine Zeile in diesem Buch zu lesen, sind ein „Grundgesetz für Sprache, Lesen, Gedächtnis und alle damit zusammenhängenden Handlungen; denn das Gehirn will anstrengungslos arbeiten“. Lesendes Verstehen funktioniert also im Drei-Sekunden-Takt des Jetzt. In diesem Rhythmus öffnen und schließen sich in Folge geistige Fenster. Menschliche Erkenntnis, diese andauernde Neuschöpfung aus dem Nichts, geschieht inmitten von Raum und Zeit, in Intervallen, nicht zu lang, nicht zu kurz. So erleben wir Gegenwart.

Ähnlich entwickelt sich im Gehirn die Gottesahnung: Offenbarung im Drei-Sekunden-Takt des Lesens. Denn: Die monotheistischen Glaubenswege sind im Kern Schriftreligion, Buchreligion, Buchstaben-Religion. Auch das Christentum hängt ab vom Vorlesen, Nachlesen, Selber-lesen, Wiederlesen. Wenn man sich in der Bildungsdebatte sorgt, dass viele junge Leute gar nicht verstehen, was sie lesen, und dass sie erhebliche Schwächen im Schreiben und Sich-Ausdrücken haben, trifft das ebenso aufs religiöse Lesen und Verstehen zu.

Vor allem bei Jugendlichen und jungen Erwachsenen zwischen 15 und 25 Jahren ist das religiöse Interesse und das religiöse Verständnisvermögen massiv weg gebrochen. Umgekehrt handelt es sich bei jenen, die sich in diesem Alter überdurchschnittlich intensiv mit religiösen Fragen befassen, nahezu ausschließlich um Bessergebildete. Das Gottesthema wird offenkundig zu einer Bildungsfrage, zur Herausforderung an die Lese-Kompetenz.

Der Ein-Gott-Glaube ist im Gegensatz zu anderen Religionen nicht bloß mündlich erzählt, sondern durch Buchstaben und Sätze aufgezeichnet. Es gilt das geschriebene Wort. Die einstmals narrativ vererbten Mythen, die überlieferten Gottesbilder und Glaubensbilder wurden nachhaltig ergänzt sowie korrigiert durch die Schrift, durch nüchterne, dürre, abstrakte Zeichen. Diese materialisieren die geistige Offenbarung. Im Geschriebenen manifestiert sich Geschichte, die Geschichtlichkeit von Weisheitslehre und Glaubenslehre. Der Sinn der Glaubenden für historische Kritik, für Überprüfung von Glaubenssätzen und Glaubenslehren, von Dogmen, wurde durch die Schriftlichkeit grundgelegt. Jeder einzelne Mensch, der lesen und schreiben kann, hat die Chance, mit eigener Kraft die Quellen dessen zu sichten, was er glaubt. Er kann unter Anstrengung des Verstandes einem mystisch-jenseitigen – und nicht bloß einem mythologisch-verdiesseitigten – Gott gegenübertreten. Gott ist in diesem kritischen Glauben transzendent, nicht ein nur fortgeschriebenes, in unnahbare Zonen verbanntes „Ding dieser Welt“. Er ist grundsätzlich anders, ganz anders, nicht nach unserem Bild und Gleichnis formbar.

Um das zu „begreifen“, muss man lesen, kritisch lesen. Lesen macht frei, auch in der Religion. Schon früh hat sich in der jüdisch-christlichen Überlieferung die Entmythologisierung in den heiligen Schriften angebahnt. Der Glaube kommt vom Lesen, Schreiben, Verstehen, Erkennen, nicht allein vom unmittelbaren Sehen, Hören, Fühlen, Bekennen. Schreibend und lesend tritt der Logos, der Verstand, der Geist, das Wort Gottes ein in die Welt, in die Welt ebenfalls der geschichtlich Nachgeborenen. Schreibend und lesend ist der Heilige Geist des Göttlichen dem kritischen Geist der Glaubenden ausgesetzt. Ja, er beflügelt ihn.

Lange blieb dieser Weg der kritischen monotheistischen Glaubensreflexion den Gelehrten und Auserwählten der Religion, den Priestern, den Propheten, den Mönchen, den Lese- und Schreibverständigen vorbehalten. Lange dauerte es, bis das Volk befähigt wurde, selber die heiligen Schriften zu lesen, im christlichen Zivilisationsbereich insbesondere die Bibel, das Buch der Bücher. Was die Mose-Offenbarung spätestens seit der Kodifizierung der „Zehn Gebote" als höchsten Ausdruck der Befreiungstat Jahwes für den Menschen vorzeichnete, wurde in der Freiheit der Kinder Gottes wie in der Freiheit des Christenmenschen nun allmählich eingeholt: Frei soll das Gottesvolk sein von Versklavung, frei auch von der Versklavung durch Ignoranz, durch Bildungsmangel. Dieser Einsicht entspricht, dass die Religion des einen und einzigen Gottes zusammen mit dem Wissen über die eine Welt durch Bibel-, Talmud-, Klosterschulen – im Islam in Koranschulen – ins breite Volk hinein verbreitet wurde.

Die mageren Schriftzeichen wiederum markieren einen Quantensprung der Hirnentwicklung, insbesondere bei der Bewusstseinsbildung. Pöppel vermutet: „Buchstaben lesen ist in der Evolution nicht vorgesehen. Es war eine der ungeheuerlichsten geistigen Entwicklungen des Menschen, Sprache in Schrift zu formulieren. Das Gehirn verwendet dafür einen Teil, der eigentlich andere Aufgaben hat, was ein Plus und ein Minus nach sich zieht. Das Plus ist die ungeheure Lesefähigkeit, das Minus ist der Verlust der visuellen Sensibilität, beispielsweise um Farben zu unterscheiden oder Gestalten zu erkennen. Naturvölker sind uns darin überlegen. Das Gehirn ist übrigens nur in den ersten zehn Lebensjahren fähig, so lesen zu lernen, dass man es ohne Anstrengung beherrscht. Grob gesagt, hat die Menschheit ja zwei Schriftarten entwickelt, asiatische Bilderschrift und unsere Buchstabenschriften. Die Piktogramme der Asiaten sind Symbole, die sich auf Sachverhalte oder das Gemeinte beziehen. Diese Symbole haben Referenz zu dem, was man aussagen will. Sie sprechen die rechte Gehirnhälfte an. Wir hingegen bilden Wörter und Sätze aus abstrakten Zeichen, überraschend wenigen übrigens. Maximal dreißig repräsentieren hinreichend eine ganze Sprache, Italienisch kommt gar mit 22 aus. Abstrakte Symbole aber sprechen die linke Gehirnhälfte an."

Die Rationalisierung des Geschriebenen hat die monotheistischen Geschichtsreligionen zu immer neuen Erkenntnisschüben beflügelt. Der Glaube sucht die Vernunft. Da zeigt sich ein wesentlicher Unterschied zu den mythenabhängigen Bildreligionen, zu deren Sprachhorizonten und Verstehenszusammenhängen. Eine spannende Frage ist, wie sich der Ein-Gott-Glaube im Wandel der Lesekultur mit den neu entstehenden virtuellen, piktogrammartigen Bildwelten etwa der Computer in Zukunft verändert und weiter verändern muss, um in den Verständnismilieus junger Leute zu überleben.

Manche Pädagogen meinen, dass die Lesekultur keinesfalls verkommt, wie Zivilisationskritiker befürchten. Es werde nicht weniger, sondern nur anders gelesen. Das PC-Zeitalter mit seinem – trotz aller Bildchen-Spiele – textlastigen Internet sei weiterhin auf Lesekompetenz angewiesen, sogar verschärft, wenn man die Informationen richtig deuten und das für einen selber wichtigste Wissen herausfiltern will. Die Fachkundigen dieser Art lesen weniger literarisch-breit für die Unterhaltung, eher technisch-knapp zur Selektion des Notwendigen. Dieses neue Lesen ist auch für das religiöse Lesen und für eine entsprechende religiöse Erziehung von Bedeutung.

In dem Zusammenhang höchst interessant sind Beobachtungen, dass Mädchen und Frauen die klassisch-literarische bürgerliche Lesekultur bevorzugen, während Jungen und Männer zum bloßen Info-Lesen neigen. Könnte es sein, dass dies inzwischen aufs religiöse Verhalten abfärbt? Jedenfalls ist die „Lesereligion“ Christentum in unserem Kulturkreis weitgehend eine Religion der kirchlich aktiven Frauen. Finden Mädchen womöglich durch Lesen leichter auch in den Glauben hinein als Jungen?

Pädagogen, Psychologen und Soziologen rätseln darüber, was die offenkundige Geschlechterdifferenz beim Lesen verursacht. Liegt es am Erbgut, in der weiblichen-männlichen Polarität der Natur, oder ist alles durch die Umwelt anerzogen, antrainiert? Die Journalistin Susanne Gaschke weist darauf hin, dass das Lesen der Mädchen in den Familien deutlich stärker unterstützt wird als das der Jungen: „Die Leseförderung durch die Mütter … geht tendenziell mit einer anspruchsvolleren Lektüre bei den Mädchen einher, während ein solcher Zusammenhang bezüglich der Bücherauswahl der Jungen nicht besteht … Wahrscheinlich ist, dass das stille und konzentrierte Lesen schlecht zu den männlichen Rollenerwartungen passt, die Eltern und Umwelt an einen Jungen herantragen“[46]. Das setzt sich mit dem Alter fort. Frauen lesen, Männer lassen lesen.

In der religiösen Lesekultur der jüdischen und islamischen Glaubensgemeinschaft wird im Kontext der traditionellen patriarchalen Ordnung vom Mann eine stärkere religiöse Erziehungsverantwortung und eine entsprechend höhere öffentlich-politische Religionskompetenz verlangt. Nicht die Mütter, sondern die Väter führen hier durch Vorlesen die Jungen ins Leben der Gesellschaft wie des Glaubens ein. Männer sind das Lese-Vorbild der heranwachsenden männlichen Kinder und Jugendlichen, die sich besonders durch Auswendiglernen, Rezitieren und Nachlesen heiliger Schriften qualifizieren müssen zur Initiation in die Erwachsenenwelt.

Das Vorlesen von frühester Kindheit an scheint jedenfalls, soviel die Psychologie bisher weiß, der Schlüssel zu sein, um später eigene Leselust, Lesekompetenz und Urteilskraft zu erwerben. Dazu braucht man vor allem: Zeit. Susanne Gaschke sieht darin das entscheidende Problem unseres Lebensstils in einer von einem Eindruck zum nächsten hastenden Kultur: „In den Familien herrscht heute Zeitmangel durch unvermeidbare wie selbst auferlegte Termine. Zum Schulunterricht kommen häufig Hort oder Tagesmutter, am Nachmittag findet das übliche, umfangreiche Freizeitprogramm statt … In all der Hektik fehlt die Muße, die nun einmal zum Lesen gehört: der bequeme Sessel, die ruhige Ecke, in der man nicht dauernd gestört, abgelenkt, durch Geräusche belästigt wird. Ein lesendes Kind braucht das Gefühl der Behaglichkeit.“ Es braucht einen inneren Ort und Raum, abgetrennt vom Betriebsamen. Was aber geschieht, wenn Familien zerbrechen? Was dort, wo nicht einmal mehr die Eltern die innere Ruhe finden, um ihren Kindern vorzulesen, um sie in Andächtigkeit und Achtsamkeit einzuführen?

Die Medienwissenschaftlerin Bettina Hurrelmann plädiert für „Selbstvergessenheit und Konzentration, Versenkung und entspannten Ernst, Distanz, Gelassenheit, aber auch Orientierung und Selbstbehauptung gegenüber dem big business, den Zwängen und Verdinglichungen“[47]. Die Medienfachleute verlangen hier eine Einübung in dieselben Haltungen wie die Meditation. Zudem sei – so Susanne Gaschke – „eine gewisse Art von produktiver Langeweile notwendig“. Sie spricht sich aus für eine leserische Erziehung zum „Individualisten“. Die starke Betonung des Kollektivs in der Erziehung von klein an sei dagegen ein „Feind des Lesens“. Genauer: Die starke Einbettung in die Gruppe wird zum Feind der Einübung in individuelle Beschaulichkeit. Diese aber bildet die Voraussetzung dafür, später einmal konzentriert und selbstbestimmt zu lesen. Das ist eine kritische Anfrage auch an die aktuellen Forderungen, Kinder möglichst zehn bis zwölf Stunden lang rundum in Kollektiven wie Ganztagskrippen, Ganztagskindergärten und Ganztagsschule zu betreuen, zu unterhalten und zu überwachen.

Auch ein aufgeklärtes und aufklärerisches mystisches Christsein braucht die individuelle Befähigung zur Selbstversenkung, zum Selberdenken, zur introvertierten kritischen Nachdenklichkeit. Das religiöse „Lesen" von Gott und Welt – zum Beispiel in Gebet und Liturgie – kann wie das säkulare Lesen auf Mühe und Entsagung nicht verzichten. Der Lernende des individuellen Lesens ist wie der Lernende des Glaubens immer und immer wieder ein Einsamer: vor anderen, vor sich selbst, vor Gott.

Unsere Kultur muss viel mehr daransetzen, dass junge Leute – insbesondere junge Eltern und ihre Kinder – sich in solches individuelle Lesen und Verstehen einüben können. Das wird momentan von Lehrern, Eltern, Politikern vielerorts beschworen. Die Klagen über das Verschwinden von Lesekompetenz und der Kulturpessimismus angesichts von „Häppchenlektüre" und künstlicher Computerimagination helfen freilich nicht weiter. Medienpädagogen sprechen sich dafür aus, die Möglichkeiten der Kommunikation zu vernetzen. Der Medienwissenschaftler Horst Heidtmann meint: Pädagogen sollten von einem gleichberechtigten Nebeneinander aller Medien ausgehen. „Formen und Funktionen des Lesens werden sich … weiter verändern. Die Fähigkeit jedoch, Texte sinnentnehmend lesen zu können, dürfte zukünftig eher noch wichtiger sein als heute."[48] Das gilt genauso für die Texte und Kontexte der Religion. Ich lese, also bin ich.

Glauben in der Erlebnisgesellschaft

Erlebnisse sind das Gesetz des modernen Lebens. Erlebe dein Leben, lebe es aus! So heißt der kategorische Imperativ der Erlebnisgesellschaft. Erlaubt ist, was gefällt. Was Spaß macht, ist spannend. Allein das zählt, was Lust wecken, Langeweile vertreiben, in Erregung versetzen, zur Aktivität antreiben, die Freizeit immer wieder unterbrechen kann. Kein Lebensbereich ist davon ausgenommen. Wer immer denselben Lebenspartner, dieselbe Lebenspartnerin hat, dem entgeht das meiste. Wer ein Auto nur kauft, weil sein altes nicht mehr durch den TÜV kommt, ist ein Langweiler. Wer denkt, Seife sei Seife, hat nichts begriffen. Denn man sollte schon zu unterscheiden wissen, auf was man sich beim Waschen einlässt: auf wilde Frische oder cremige Zartheit, auf erotische Inspiration oder Naturbelassenheit.

Die Tugenden haben sich in dieser Weltsicht verändert. Einst zählten Standfestigkeit, heute gilt Abwechslung. Früher war Pflichtbewusstsein das wichtigste, jetzt ist es Spontaneität. Nachdenklichkeit musste der Betroffenheit weichen, Skepsis der Begeisterung. Und den Nervenkitzel von ehemals steigert inzwischen der „Kick" oder gleich der „Thrill". Die Erlebniswelt des Normalbürgers mag bescheiden sein. Doch bescheiden darf er sich nicht. Dem Gesetz des fliegenden Wechsels entgeht niemand. Die Werbung macht es vor. Immer neue Animateure, Ratgeber, Service-Anbieter stehen bereit. Die Mode sorgt dafür, dass jeder und jede sich im wechselnden Trend jeweiliger Einheitlichkeit als unverwechselbar individuell empfindet. Mit jeder Kollektion fürs Kollektiv Massenmensch verkünden die Sprachrohre der Modemacher von Frühling zu Sommer, zu Herbst, zu Winter, zu Frühling … immer dasselbe: Diesmal sei alles anders. Denn jetzt gelte: Erlaubt ist, was gefällt, was mir Spaß macht, worin ich mich wohl fühle … Jetzt sei ich individuell endlich so gekleidet, wie ich schon immer individuell gekleidet sein wollte (wenn auch gleichförmig individuell mit Millionen anderen). Hatten wir solche Versprechungen nicht schon immer wieder gehört?

Die Freizeitindustrie setzt Jahr für Jahr Milliarden Euro um mit vorgetäuschter Erlebnis-Individualität, die nichts anderes ist als Massenware. Das Besondere dabei ist eigentlich nur, dass jeder an das Besondere glaubt. Im ständigen Wechsel der Wünsche, Bedürfnisse, Erlebnisse, Glücksempfindungen, Beziehungen wird am Ende der Körper zur alleinigen Konstante im Leben, zur letzten Brücke zwischen dem Ich und der Umwelt. Dieser Körper wird ständig neu in Szene gesetzt. Allzeit erotisch muss er sein, attraktiv, schlank, sportlich, fit for fun ... Der kollektive Exhibitionismus wird zum Zwang, zur Obsession, zur Neurose.

Wer nichts erlebt, keine Erlebnisse anbietet oder sich auf dieses Spiel mit der Illusion nicht einlassen will, gerät ins gesellschaftliche Abseits. Vor allem die Religion leidet darunter. Denn sie ist „langweilig". Sie hat wenig anderes anzubieten als die Wiederholung: im Lesen heiliger Texte, im Beten der womöglich immer gleichen Gebete, im Meditieren der immer selben Geheimnisse, im Feiern der immer ähnlichen Gottesdienste. Ist das aber ein Nachteil?

Längst wissen wir: Die Spaßarenen und Freizeittempel öffnen uns mit der Dauer auch nur immer denselben Spalt zum mehr oder weniger selben „Glück". Abwechslung folgt auf Abwechslung – und ödet uns irgendwann an. Die reißerisch propagierten Traumwelten, Traumstrände, Traumschiffe, Traumreisen, Traumautos, Traumfiguren, Traumgewinne, und Traumhochzeiten enden im immer schneller drehenden Traumerleben meistens dann doch schal.

Am Ende der Erlebnisspirale hat der Mensch ein Erlebnis allerdings immer noch nicht entdeckt: die Monotonie, die Langeweile, die Stille, die Ruhe, die Langsamkeit, die Wiederholung, die Einsamkeit, den Rhythmus – ja die Kontemplation, die Meditation, die innere Anschauung und Beschaulichkeit. Da aber beginnen jene Ereignisse, die sich nicht beliebig „machen" lassen. Da kommt mit der Langeweile das vielleicht doch exotischste Abenteuer über den Menschen, die schärfste Anspannung, die nachhaltigste Erregung: der Traum vom Letzten, vom Eigentlichen – von Gott. In den Erlebnissen hinter den Erlebnissen wird das Leben nochmals spannend: aus dem Erleben von Religion, in der versammelten Kraft der Konzentration. Hier kann sich eine besondere Intelligenz, eine außergewöhnliche Einsichtsfähigkeit entwickeln, die weitere Intelligenz freisetzt und formt: Intelligenz des Glaubens, Intelligenz durch Glauben.

9 Glaubende sind anders

Wie kommt „es", dass ein Mensch glaubt?

Die Biologie mag den Alterungsprozess von Zellen chemisch-genetisch erklären können. Und Verhaltensforscher meinen, dass der Tod dringend notwendig ist, damit sich eine Art erhält und Platz für Nachwuchs schafft. Dennoch bleibt es für den Menschen, der nicht sterben, sondern leben will und der daher schreckliche Angst vor dem Tod hat, ein Rätsel, dass alles irgendwann ein Ende hat. Ja: Nicht nur der individuelle Mensch altert, sondern auch ganze Kulturen und Religionen werden älter – und sterben früher oder später. Doch können sie sich gleichfalls überraschend erneuern. Das Christentum ist davon nicht ausgenommen.

Ein fast noch größeres Mysterium ist, wie „Gott“ überhaupt zum Menschen und wie der Mensch zu Gott kam und stets neu kommt. Das gilt nicht nur für die Kulturgeschichte allgemein, sondern für jede einzelne Lebensgeschichte. Wie eigentlich kommt „es“, dass Menschen glauben, dass ein Mensch glaubt? In der Erziehungsgeschichte war es traditionell häufig so, dass das Kind die Religion der Eltern Stück für Stück durch Nachahmung aufnahm und durch Verinnerlichung lernte. So wurde man im Gottesdienst ganz natürlich konfrontiert mit kirchlicher Praxis, berührt von der reinen Symbolkraft körperlicher Bewegtheit: im Umfeld des Heiligen, in der puren Teilnahme an zunächst unverständlichen Ritualen, Symbolen, Liturgien, durch Kreuzzeichen, Kommunion ... Die fremde Welt – und nicht die bekannte – ist es, die stärkste Aufmerksamkeit, freilich auch Unheimlichkeit weckt. Muss das Christliche erst wieder zum Fremden werden, ist es uns noch nicht fremd genug, um darin eines Tages womöglich wieder Heimat zu finden?

Der Mensch sieht zuerst mit den Augen, dann mit dem Herzen. Das gilt für die Religion wie fürs übrige Leben. Warum habe ich gerade diesen Lebenspartner, diese Lebenspartnerin gefunden und diesen Beruf? Warum lebe ich gerade hier und nicht dort, jetzt und nicht damals? Ist alles Zufall, blindes Schicksal, ein Rausch der Hirnzellen oder eine zwangsläufige Vorherbestimmung durch die Gene? Und dann wieder die seltsame Ahnung von Freiheit, Kreativität, Wille und Wahl. Selbst das religiöse Sehen bleibt darunter nie gleich. Es verwandelt sich. Alles ist Wandlung, heilige Transsubstantiation der Materie durch Geist – für den, der es sehen will, auf Gott hin.

Nicht nur der Glaube kommt von innen, aus Nachdenken und Nachfühlen. Genauer: aus Hineindenken und Hineinfühlen. Und wird so zu einem Vordenken und Vorfühlen. Unser ganzes Leben entwickelt sich am stärksten oft gerade dort, wo man es gar nicht bemerkt. Entscheidend ist, wie die Verbindungen der Wahrnehmung geknüpft werden, ob es zum Außen ein Innen gibt, zur Oberfläche eine Tiefe. So kann jedem Einzelnen der eigene Lebensweg zum Glaubensweg werden.

Glauben braucht Bildung, Hirnbildung wie Herzensbildung. Und wie alle Bildung führt auch religiöse Bildung nicht in ein glattes Glauben hinein, sondern mitten in die Widersprüchlichkeiten. Wir sind Suchende. Gott macht nicht einfach glücklich. Aber er macht neugierig. Das Unbekannte und Unerklärliche – und nicht das Bekannte und Erklärte – ist des Lebens Quell. Und Quell des Glaubens. Die Ungereimtheiten sind es, die uns Gott überhaupt erst näher bringen in der Unvertrautheit wie Unbehaustheit unseres Daseins. Wir halten dabei Ausschau nicht nur nach den Schärfen der Religion, sondern viel intensiver noch nach ihren Unschärfen. In allem, was wir von der Welt wissen oder ahnen, steckt mehr noch das, was wir nicht wissen und nicht ahnen. Ohne Bescheidenheit vor dem Unbekannten kommt niemand ins Leben und auch nicht in den Glauben.

Aber falsche Bescheidenheit ist nicht angebracht. Gewiss: „Es“ kann ganz zufällig kommen, dass ein Mensch beginnt zu glauben. Es sind nicht selten „abseitige“ Augenblicke, wenn

„es" einen „trifft", manchmal im Abschweifen, wenn wir alles lassen und nur noch wenig fassen. Dann ist es unberechenbar wie eine Schöpfung aus dem Nichts, wie ein Energiesprung in eine ganz andere Dimension. Der Mensch entdeckt und findet auf einmal eine Sprache, wo er zuvor keine Sprache hatte, im Beten, im Gottesdienst, im Sehnen nach Gott. Doch Sehnsucht muss gepflegt, zum Ausdruck gebracht, sprachlich weiterentwickelt werden. Ohne dauernde Spracharbeit verkümmert der Glaube. Es braucht Anstrengung, Geistesarbeit, Geisteswitterung, Wachheit, Aufgeschlossenheit, Versammlung, Versenkung, Stille, Andächtigkeit, nicht zuletzt: Verehrung.

In den Tragödien der Welt und im Schicksal des Glaubens sind für den, der tiefer schauen möchte, alles andere als nur blinde Mächte am Werk. Es ist eine tiefere Vorsehung, selbst wenn wir sie nicht sofort begreifen. So kann das eigene Leben und Glauben dem Individuum nicht nur zum Schicksal, sondern auch zum „Geschickten", ja zum Geschick werden, zu einer Fähigkeit, nach dem umfassenderen Mysterium zu suchen und unzählige andere Menschen an dieser Suche kommunikativ anregend teilhaben zu lassen. Vielleicht sogar: Christsein als Christ*werden*.

Lange meinten die Kirchen, mit dem Alter würden die Menschen wieder „frömmer". Selbst wenn die Leute zuvor distanziert waren – mit der Zeit kehre auf natürliche Weise das religiöse Interesse zurück. Man vertraute dabei den Erfahrungen in kommunistischen Ländern, dass den Großmüttern (und Großvätern), die allein den Gottesdienst noch besuchten, neue Generationen von Großeltern folgen würden, selbst wenn die Jungen fernbleiben. Inzwischen wissen wir: Mit diesem Automatismus zu rechnen, ist eine Illusion. Die Religionssoziologen stellen einen sich rasch ausbreitenden „Atheimus" gerade in der älteren Bevölkerung fest.

Es gibt kein Gesetz der Geschichte, wonach das Abendland schon irgendwie christlich bliebe. Aber es gibt ebensowenig ein Gesetz der Geschichte, wonach das Christentum zum Absterben verurteilt sei. Glauben beginnt in Schwäche, wie zum Beispiel Paulus sie immer wieder erlebte – und wie wir Zeitgenossen sie an unserem armen Geist und Leib erfahren. Für religiöse Belebung ist es nie zu spät, auch nicht für Bekehrung, für geistige Reformen in uns und in unserer Gesellschaft.

Auch gläubige Menschen sind nicht einfach nur Nachfahren ihrer Ahnen, geschweige denn Sklaven der Vergangenheit, einer puren Tradition. Als Kinder Gottes bleiben sie Gestalter, als pfingstlich Getaufte Geistbegabte, als Geschöpfe Neugierige – vor Gott nie fertig, mit Gott nie fertig. Das Religiöse ist in der Geschichte der Offenbarung selber Geschichte, immer auch Eigenverantwortung zum Selber-Glauben, Selber-Denken, Selber-Suchen.

Religion gibt es nie nur neutral als allgemeine Religion, nie nur als „Es", das man distanziert beobachtet. Religion ist stets Religiosität, gebunden an ein Ich. Über das Ich, in unverwechselbarer individueller Spiritualität, teilt sich Religion mit, schafft sie Kommunion und Kommunikation. Die Religiosität des Einzelnen ist so einmalig, wie jede Person einmalig ist, aber sie bleibt nicht isoliert. Sie ist stets so lebendig und aufgewühlt wie jeder Mensch, in unberechenbaren Wechselwirkungen mit dem Leben, wie es ist.

Religion kann so zu „meiner" Religion werden. Religion gibt es nie bloß als Religion „an sich". Gott ist „mein" Gott, nie nur ein Gott „an sich". Ewiges Leben ist „mein" ewiges Leben, nie nur das irgendeines Kollektivs „an sich". Meine letzten Fragen gehören mir. Mit ihnen stehe ich zuletzt dann, wenn ich sterbe – und wenn ich dem religiösen Kollektiv eines Tages völlig egal, wenn ich einmal vergessen sein werde –, als Einzelner unvertretbar vor meinem Gott, vor dem, der mich unbedingt angeht. Nicht die Kirche erlöst mich, nicht die Pfarrei, nicht die Basisgemeinschaft, nicht das überlebende Menschengeschlecht und nicht mein Nachwuchs, sondern – wie die biblische Überlieferung bezeugt – einzig und allein dieser „mein Herr und mein Gott", wie der „ungläubige" Thomas Jesus Christus bekennt.

In psychologischer oder sozialethischer Sicht würde es reichen, dass irgendetwas Religiöses „psychohygienisch“ funktioniert zum Gruppen- oder Arterhalt, dass es zur Wertebildung unserer Kinder und unserer Gesellschaft beiträgt. Wer seine Religion ernst nimmt, begnügt sich aber nicht damit, irgendeine Religion zu haben. Er will wissen, ob sie die wahre und richtige ist, ob er sinnvoll glaubt. Das gilt auch fürs Christsein.

Lebensstil Christsein

„Alle, die gläubig geworden waren, bildeten eine Gemeinschaft und hatten alles gemeinsam. Sie verkauften Hab und Gut und gaben davon allen, jedem so viel, wie er nötig hatte. Tag für Tag verharrten sie einmütig im Tempel, brachen in ihren Häusern das Brot und hielten miteinander Mahl in Freude und Einfalt des Herzens. Sie lobten Gott und waren beim ganzen Volk beliebt.“ In wenigen Versen beschreibt die Apostelgeschichte den Lebensstil der frühen Christen. Wie beliebt sind die Christen wegen ihres Lebensstils beim Volk – 2000 Jahre später?

Inzwischen haben wir gelernt, jene Zeilen nicht ganz so ernst zu nehmen, wie viele ähnliche sperrige Bibelstellen, etwa die Bergpredigt. Die Exegese lehrt uns, dass man die Apostelgeschichte als Werbeschrift lesen muss. Der Verfasser habe die Verhältnisse in der Glaubensgemeinschaft idealisiert. Leute von heute wissen, wie vorsichtig man mit PR umgehen muss. Sie verspricht uns den Himmel auf Erden und entlässt uns am Ende in die ungeschönte Wirklichkeit. Spätestens nach dem Scheitern des realexistierenden Sozialismus sind uns die urkommunistischen Anwandlungen der Urgemeinde peinlich geworden.

Außerdem kennen wir die weniger harmonischen Überlieferungen aus apostolischer Zeit, den handfesten Streit zwischen Petrus und Paulus, die Richtungskämpfe im obersten kirchlichen Lehramt bereits in frühchristlicher Zeit. Zum ersten Konzil der Glaubensgeschichte kam es ja gerade nicht, weil alle ein Herz und eine Seele waren. Und der Einsetzung von Diakonen zum „Tischdienst", zur caritativen Fürsorge für die Armen, ging ein massives Gerechtigkeitsproblem bei der Versorgung der Bedürftigsten voraus. Standes- und Klassenunterschiede, ja Klassenkämpfe haben von Beginn an die christliche Glaubensgemeinschaft belastet. Dennoch: Kann man wesentliche biblische Sätze wie die über einen anderen Lebensstil, der die Christen auffällig von der heidnischen Umwelt unterscheidet, derart entsorgen? Ist es ganz in Ordnung, wenn die Christen sich dem Lauf des Üblichen anpassen?

Die Theologie der Säkularisierung in den sechziger Jahren meinte: Ja. Sie wollte aus der Not der „Stadt ohne Gott" eine Tugend machen. In der Säkularisierung, in der Weltlichwerdung der Welt, sah man zumindest eine Chance für eine christliche Wiederbelebung. Je weltlicher sich die Christen fühlten, je liberal-freiheitlicher sie sich den Zeitströmungen anglichen, umso attraktiver würden sie schon wieder werden, auch für die Welt. Sie müssten sich nur anfreunden mit den Sachgesetzen, mit der Autonomie der Wirklichkeit.

Im Konzil wurde dann der „Dialog mit der Welt" zum großen Thema der katholischen „Welt"kirche. Aggiornamento, Angleichung, Verheutigung – das beschäftigte die damalige Generation. Die Spätergeborenen können kaum noch gerecht nachempfinden, welche Befreiung das für ihre „Ahnen im Glauben" bedeutete. Kirche *und* Welt!

Kirche *und* Welt? Wir Weltkinder fühlen ganz anders. Eine Trennung spüren wir nicht. Sie ist nicht mehr unser Problem. Wir *sind* doch Welt! „Welt" haben wir genug. Wir haben andere Bedürfnisse: Wie können wir als modern-postmoderne, wissenschaftlich aufgeklärte Weltbürger, als Eltern in Verantwortung für Kinder, redlich *christlich* glauben und authentisch *christlich* leben? Und was macht das Besondere des Christlichen aus, wenn alles in der Welt doch irgendwie austauschbar und plural beliebig geworden ist?

Der katholische Theologe Johann Baptist Metz und die lateinamerikanischen Befreiungstheologen hatten bereits Ende der sechziger Jahre ein Unbehagen gespürt. Denn das Aggiornamento allein gibt auf große Herausforderungen des Christseins keine Antwort, etwa auf das himmelschreiende Elend, die erdrückende Ungerechtigkeit global. Verlangt sei da weniger „Angleichung“ als vielmehr Widerstand, Widerspruch, Bekehrung. Bewegend wie kein zweites Dokument der neueren Christentumsgeschichte hat der Beschluss „Unsere Hoffnung“ der Würzburger Synode der westdeutschen Bistümer (1975) diese Horizonte geöffnet, prophetisch für unsere jetzige Situation.

„Wir sind die Kirche eines industriell und technologisch hochentwickelten Landes. Mit zunehmender Deutlichkeit erfahren wir heute, dass die Entwicklung nicht unbegrenzt, ja, dass die Grenzen der wirtschaftlichen Expansion des Lebensraums, die Grenzen der Umwelt- und Naturausbeutung eine wirtschaftliche Entwicklung aller Länder auf jenes Wohlstandsniveau, das wir gegenwärtig haben und genießen, nicht zulassen. Angesichts dieser Situation wird von uns – im Interesse eines lebenswürdigeren Überlebens der Menschheit – eine einschneidende Veränderung unserer Lebensmuster, eine drastische Wandlung unserer wirtschaftlichen und sozialen Lebensprioritäten verlangt ... Es werden uns neue Orientierungen unserer Interessen und Leistungsziele, aber auch neue Formen der Selbstbescheidung, gewissermaßen der kollektiven Aszese abverlangt. Werden wir die in dieser Situation enthaltene Zumutung aggressionsfrei verarbeiten können? Jedenfalls wird diese Situation zum Prüfstand für die moralischen Reserven, für die gesamtmenschliche Verantwortungsbereitschaft in unseren hochentwickelten Gesellschaften werden. Wer wird die damit geforderte folgenreiche Wandlung unseres Bewusstseins und unserer Lebenspraxis in Gang setzen und nachhaltig motivieren?“[49]

Die Synode gab eine klare Antwort: Es sind die „im Christentum schlummernden moralischen Kräfte“. „Hier müssen gerade wir in unserem Land handeln und helfen und teilen – aus dem Bewusstsein heraus, ein gemeinsames Volk Gottes zu sein". Dreißig Jahre später rätseln wir: Sind es womöglich doch die Christen, die die Kraft haben, im Widerspruch gegen eine „neuheidnische" Selbstverwirklichungskultur und deren Anspruchsdenken die Gesellschaft und damit auch unseren Nachwuchs aus der Egoismusfalle zu befreien?

Dem wird die kirchlich distanzierte Bevölkerung freilich gleich entgegenhalten: Welche Überheblichkeit! Die Christen sollen sich doch selber anschauen. Was unterscheidet sie denn noch von anderen, wenn man nur einmal die zweite Tafel der Zehn Gebote bedenkt? Sogar in der Meinungsbildung habe sich die christliche „Welt" längst dem Mainstream angeglichen, sei es bei der Beurteilung von Abtreibung, Sterbehilfe, Promiskuität, Treulosigkeit und so weiter.

Wie biblisch leben die Christen? Wie biblisch leben Eltern, die dem christlichen Religiösen vielleicht doch noch etwas abgewinnen wollen? Christen sind Zeitgenossen. Das sollen sie sein. Ihnen ist nichts Menschliches fremd. Auch sie sind Sünder und Sünderinnen, immer wieder fehlbar, nie unfehlbar. Aber in der Taufe wurde ihnen eine Haltung mit auf den Lebensweg gegeben, die nicht beliebig ist. Sie müssen als Bürgerinnen und Bürger nicht – wie Mönche oder Nonnen – zeichenhaft in einer „Kontrastgesellschaft" wohnen und arbeiten. Aber sie sollen im Kontrast leben zu vielem, was gesellschaftlich gang und gäbe ist. Sie müssen einen christlichen Lebensstil, eine innere christliche Leitkultur erarbeiten in der Freiheit eines Christenmenschen. Das wird zur großen Bewährungsprobe für die Zukunftsfähigkeit, die Überzeugungs- und Anziehungskraft des Christlichen im dritten Jahrtausend, gerade vor dem eigenen Nachwuchs. In dieser Hinsicht sind die heute Erziehenden den ersten Christen in der Urgemeinde durchaus sehr nahe – mit Sünden und Schwächen, aber ebenso mit dem guten Willen und mit Stärken. Auch unsere Zeit ist eine „Achsenzeit", in der sich entscheidet, was der christliche Gottesglaube noch wert ist – oder neu wert werden könnte für die allgemeine gesellschaftliche Bewusstseinsentwicklung einer neuen Epoche zu Beginn des dritten Jahrtausends.

Es geht tatsächlich darum, eine innere christliche Leitkultur für uns und unsere Kinder zu entwickeln, die den Anforderungen unserer Zeit entspricht. Zunächst einmal: Christen dürfen auch als Eltern nicht zu bigott-frömmlerischen Sonderlingen degenerieren, die in einer Art Neointegralismus allen Bereichen des Daseins vorschreiben möchten, wie sie zu funktionieren haben. Christen haben als Weltkinder und Gotteskinder klug, einsichtig, verständnisvoll auf dem Boden der Tatsachen zu stehen. Aber sie sollen *ihren* Weg gehen, nicht irgendeinen Weg. Das Maß ist und bleibt Jesus Christus, der Weg, die Wahrheit, das Leben. *Anders* leben – bewusst, zielbewusst, selbstbewusst, mit den eigenen Kindern, suchend mit den Suchenden, bescheiden auch und nachsichtig, barmherzig, vergebend genauso wie aufrichtend und durchaus fordernd, herausfordernd.

Zum Beispiel in der Geschlechter-Beziehung. Sexualität ist das Thema unserer Kultur schlechthin, ja selber zu einer Art „Leitkultur" geworden. Inzwischen scheint es peinlich zu sein, auf diesem Feld Farbe zu bekennen und zu sagen, ja den eigenen Kindern ins Gesicht zu sagen, was in christlichem Geist eben *nicht* geht, selbst wenn niemand von uns ohne Sünde ist und daher sich auch nicht anmaßen sollte, den ersten Stein zu werfen. Allerdings: Beziehung, Treue, Partnerschaft, Liebe, Sex sind keine Spielwiese, auf der Menschen, die sich als religiös Suchende verstehen, sich den Gewohnheiten einfach anpassen dürfen.

In der Aufklärung des Nachwuchses soll deutlich werden, welche Art von Beziehung einem religiös verantworteten Lebensstil entspricht, wie hoch man zum Beispiel die Ehe und die personale sexuelle Verbindlichkeit trotz aller Schwierigkeiten und Enttäuschungen schätzt – und dass es sehr wohl hohe, aber nicht unerreichbare Ansprüche gibt, um die Mann und Frau sich ein Leben lang mühen können und mühen sollen, in Verständnis füreinander, Verantwortung miteinander und Sehnsucht zueinander.

In die Erziehungs- und Jugendarbeit hat sich da über Jahrzehnte manche Nachlässigkeit eingeschlichen. „Bei euch aber soll es nicht so sein! ..." Der biblische Ruf gilt hier nicht minder. Es gibt eine religiöse Pflicht der Erziehung zur Beziehungsfähigkeit, zur festen Beziehung. Das soll nicht verklemmt, nicht in Prüderie geschehen. Aber es verlangt pädagogisch anderes als ein Laisser-faire: Verlässlichkeit und Vertrauen zwischen den Partnern fördern, in der Zusammenarbeit von Mann und Frau.

Ein christlicher Lebensstil prüft das Übliche, das Durchschnittliche. Das gilt fürs private wie fürs soziale Verhalten. Christliche Manager werden sich bei Gehältern anders verhalten als raffgierige Vorstandsvorsitzende, die so „siegreich" ins Licht der Öffentlichkeit treten. Jeder ist seinen gerechten Lohn wert. Leistung und Ansporn sind gut. Aber Jesus ruft deutlich auf zu evangelischer Armut, zum Lastenteilen, zu Bescheidenheit und Offenheit, Schaffen von Gerechtigkeit; das heißt heute vor allem: Start- und Chancengerechtigkeit. Die Mahnungen, in der Nachfolge Jesu einen einfachen Lebensstil zu pflegen, sind weiter zeitgemäß, gerade für Familien, die sich um eine gute Werteerziehung mühen. Christen haben tatsächlich über die Sorge für sich und ihren Nachwuchs hinaus einen caritativen Mehrwert zu erbringen, der eben das überschreitet, was sozial- oder steuergesetzlich vorgeschrieben ist. Das Maß des Christseins sprengt auch beim Besitz, bei der Sozialpflichtigkeit des Eigentums die weithin übliche Verfassungsrhetorik und die bekannte Sonntags-Sozial-Predigerei.

Wir sind nicht zum Tod berufen, sondern zum ewigen Leben, nicht zur bürgerlichen Spießigkeit auf Erden, sondern zum Streben nach dem Himmel. Wie einladend wirkt der Lebensstil christlicher Familien auf Menschen, die dem Reiche Gottes vielleicht gar nicht so fern stehen? Wie heiligen wir unseren Beruf als göttliche Berufung – und nicht nur als Job zum schnellen Geld? Wie heiligen wir unseren Alltag, unsere Freizeit? Und wie heiligen wir dabei den Sonntag durch die aktive und regelmäßige Teilnahme an Eucharistie und Abendmahl? Wie heiligen wir Gott? Wie lassen wir uns durch Gott heiligen? Und wie solidarisieren wir uns im Beten mit unseren Geschwistern im Glauben? Wie helfen wir ihnen und uns durch das kontinuierliche Mitfeiern der Liturgie, aus religiöser Einsamkeit und Isolation herauszufinden in die Lebenslust der Hoffnung auf göttliche Erlösung?

Es sind die kleinen Signale der Achtsamkeit, die den Unterschied setzen. Ignatius von Loyola hat sie beschrieben als ein Gottsuchen und Gottfinden in allen Dingen. Die Dinge sind Dinge, weltlich. Aber sie sind nicht nur ein weltlich Ding, weil sie für Glaubende Gottes Nähe spüren lassen. Es ist keineswegs dasselbe, ob man säkular dahinlebt oder sakramental lebt – das heißt: achtsam fürs Durchscheinen Gottes in Zeit und Raum. Auch Freizeit ist Gottes Zeit – und Freizeitgestaltung keine gottfreie Zone. In der Konsum*kultur*, in der Art und Weise des persönlichen Konsums wie des Konsumverzichts, zeigt sich augenfällig, welcher Geist es ist, der unseren Geist bestimmt, wessen Geistes Kind wir sind und zu welcher Lebensfreude wir uns im Gebrauch der Kräfte von Materie und Geist berufen fühlen.

Die Freiheit eines Christenmenschen meint keine bürgerliche Behaglichkeit. Christen haben Rechenschaft zu geben von der Hoffnung, die sie trägt. Ob man an die Auferweckung Jesu Christi und an die Auferstehung der Toten glaubt oder nicht – das macht einen wesentlichen Unterschied.

Die Würzburger Synode sagte: „Alle unsere Initiativen messen sich letztlich am Maße der ‚einen Hoffnung, zu der wir berufen sind' (Eph 4,4). Diese Hoffnung kommt nicht aus dem Ungewissen und treibt nicht ins Ungefähre. Sie wurzelt in Christus, und sie klagt auch bei uns Christen des späten 20. Jahrhunderts (jetzt des begonnenen 21. Jahrhunderts) die Erwartung seiner Wiederkunft ein. Sie macht uns immer neu zu Menschen, die inmitten ihrer geschichtlichen Erfahrungen und Kämpfe ihr Haupt erheben und dem messianischen ‚Tag des Herrn' entgegenblicken."

Der christliche Lebensstil ist auch im familiären Bereich kein Lebensstil wie jeder andere. Er ist etwas Unterscheidendes. Bei aller Universalität des Christusgeschehens sollen gläubige Menschen dieses feine Grenzbewusstsein nicht verlieren. Das Christliche bleibt ein Mehrwert, den diese Welt sich nicht selber geben kann, den sie aber braucht – als geistige Leitkultur, die anstößig bleibt. „Aggiornamento" – mit Anspruch und Herausforderung. Die christliche Hoffnung macht nicht einfach ergeben, und sie macht nicht alle und alles gleich. Glaubende Christen sind – wie in der Urgemeinde – sogar in ihren Familien eben doch ein wenig anders.

10 Glauben fragt nach Vernunft, Vernunft nach Glauben

Ich schäme mich – nicht

Gebildete Leute glauben nicht an Gott. Das war eine Art „Bildungsideal“ der neuzeitlichen Aufklärung und setzte sich fort in der Emanzipationsgeschichte der Achtundsechziger. Der Mensch wollte und sollte sich befreien aus Unmündigkeit, Aberglauben, von falschen Autoritäten, wozu man vor allem Christentum und Kirche rechnete. Es gab und gibt gute Gründe, sich von mythologischen Vorstellungen über Gott und die Welt zu verabschieden. Im Licht der Vernunft war allerdings immer weniger Platz für das „Jenseitige“. Die Sünden und Verbrechen im Namen Gottes im Gang einer langen Kirchengeschichte hatten darüber hinaus ihren entscheidenden Anteil daran, dass sich viele Menschen vom Glauben abwandten. Religion sei Opium des Volkes, Opium fürs Volk.

Aber wie vernünftig ist die Vernunft? Ist sie nur Licht, nichts als Wahrheit? Im zwanzigsten Jahrhundert mit zwei Weltkriegen und einem Kalten Krieg sowie furchtbaren Massenmorden haben unsere Großeltern, Eltern und wir selber erleben können, wohin die Arroganz einer Pseudo-Vernünftigkeit ohne Gott führt. Die Dialektik der Aufklärung wirft uns nicht selten in die geistige Umnachtung. Aufgeklärter müssen auch die Aufklärer sein. Wie aber klären sie und wir uns auf, wie lassen wir uns aufklären über das letzte Mysterium, das uns treibt, das uns aber auch die entscheidende Hoffnung geben könnte über den Tod hinaus: Gott?

Bin ich ungebildet, wenn ich nüchtern sehe, wie wenig die „Welt“ mir von der Welt erklärt? Bin ich ein Narr, wenn ich nüchtern sehe, wie eine Vernunft zu kurz gesprungen ist, die vorgibt, nichts zu wissen über das, worüber wir viel mehr wissen wollen? Ist der ein gebildeter Mensch, der das Entscheidende ausklammert? Muss ich mich schämen, wenn ich für mich und meine Kinder mehr wissen will als das, was mir eine seltsame Art von Bevormundung zu wissen erlaubt? Ist es dumm, darüber hinaus etwas ahnen und fühlen, wissen und erkennen zu wollen? Gott – wie peinlich?

Nein, ich schäme mich nicht! Nein, ich bereue nichts! „Ich denke, also bin ich." Der provokative Satz des René Descartes gilt genauso für mein religiöses Fragen nach Mehr. Gebildeter müssten da die Gebildeten sein. Nicht wenige sehen es bereits so. Wie sonst sollte man erklären, dass es vor allem in der gebildetsten Schicht der jungen Leute wieder jene gibt, die achtsam und hellhörig werden für die – eigene – Religion. Noch sind es kleine Minderheiten. Aber es sind Nachdenkliche, die sich nicht abspeisen lassen mit den Gemeinplätzen, was „man" meint, was „man" vermutet, was „man" glaubt oder nicht glaubt, was „in" sei oder angeblich „megaout".

Religion ist nicht „in". Aber sie ist auch nicht „out". Die letzten Dinge treiben kritische Leute um. Ich muss mich nicht schämen, wenn ich mir dies vor mir selber eingestehe. Ich muss mich nicht schämen, wenn ich mich ihnen behutsamer, vorsichtiger, skeptischer nähere, als es vielleicht ein Kirchenkatechismus oder eine Sonntagspredigt von mir erwartet. Denn ich weiß eben aus guten geschichtlichen Gründen, wie fehlbar selbst eine vermeintliche Unfehlbarkeit sein kann – und wie befreiend es ist, sich der einen großen, der ganzen Wahrheit bescheiden in den vielen Facetten von Wahrheiten zu nähern. Nicht alles ist wahr, nicht alles ist richtig, auch in altehrwürdigen Glaubenstraditionen nicht. Auch da bedarf es immer wieder der Reinigung und vor allem der Gewissenserforschung. Aber es ist auch nicht alles falsch, was sich im Licht der Vernunft von heute neu und anders an der Gottesahnung zeigt, als es früheren Generationen aufging und bewusst werden konnte. Väter und Mütter in Erziehungsverantwortung müssen sich für ihre Unruhe nicht entschuldigen. Im Gegenteil: Sie können bewusst und selbstbewusst als gebildete Menschen von Bildung verlangen, mehr in Erfahrung bringen zu wollen, weil es mehr gibt zwischen Himmel und Erde, als unser schwacher Verstand ergründet. Solche Einsicht ist vernünftig.

Bereits im Hebräerbrief heißt es: „Viele Male und auf vielerlei Weise hat Gott einst zu den Vätern gesprochen und durch die Propheten; in dieser Endzeit aber hat er zu uns gesprochen durch den Sohn …“ So verbindlich für Christen die biblische Überlieferung des Christus-Ereignisses ist, so verbindlich ist für sie ebenfalls, den Glauben im Licht der Vernunft zu prüfen und durchzubuchstabieren. Christen sind nicht die, die entschieden feststehen. Christen sind nach frühkirchlicher Überlieferung „die, die auf dem Weg sind“. Offenbarung kommt nicht allein von außen und nicht allein durch Tradition. Sie kommt auch durchs Innen. Religiöse Nachdenklichkeit kann aus dem Tal der Ahnungslosen auf die Höhen des Geistes führen.

Mut zur Ewigkeit

Meine tiefsten Gefühle täuschen mich nicht. Ich kann und darf meinen innersten Ahnungen trauen, zum Beispiel der, dass mit dem Tod nicht alles aus ist. Oder auch der: dass es ein „Weiterleben“ anderer Art geben kann – und zwar nicht im chemischen Erbcode meiner Kinder. Der Mut zur Ewigkeit kehrt zurück in dem Maße, in dem wir uns unserer Zeitlichkeit und Endlichkeit bewusst werden. Wir können verstehen, dass viele Ältere – vielleicht unsere eigenen Eltern – vom Leben enttäuscht sind. Wir können verstehen, wenn sie über „verlorene Jahre“ und manche Liebesmüh, die „vergebens“ war, trauern. Nicht wenige haben darüber ihre letzte Lebenshoffnung eingebüßt. Ältere Menschen – so haben es religionswissenschaftliche Statistiken ergründet – glauben inzwischen weitaus weniger an ein Leben nach dem Tod als jüngere Leute.

Wir müssen uns vom Misstrauen jener, die uns vorausgehen, allerdings nicht verdrießen lassen. Wir müssen uns die

Freude und den Spaß am Leben nicht verderben lassen durch die Skepsis jener, die für „später“ nichts mehr erwarten. Wir dürfen Mut haben zum Letzten: dass es den Himmel vielleicht doch gibt. Das ist nicht kindisch, das ist nicht infantil. Im Gegenteil: Je erwachsener wir diesen unseren Planeten und alles, was darauf und um ihn herum vor sich geht, betrachten, umso faszinierter können wir sein von dem, was jenseits unserer Vorstellungskraft möglich wurde – und womit möglicherweise auch in Zukunft jenseits unserer Vorstellungskraft zu rechnen ist. Es gibt gute Argumente, bei dem, was wir wissen, nicht stehen zu bleiben, so wie Erkenntnis nie stehen bleibt bei dem, was wir uns mit unserem schwachen Geist und Hirn jetzt gerade noch einigermaßen logisch vorstellen können. Wenn wir schon den Anfang von Sein und Zeit nicht plausibel anschaulich begreifen können, wieso maßen wir uns an, ihr „Ende“ oder Nicht-Ende in solchen Maßstäben fassen zu wollen?

Wir können über Raum und Zeit hinausdenken, wir wollen und müssen dies tun. Wir tun es längst. Ständig neu überschreiten wir seit jeher die Grenzen der Erfahrbarkeit. Zum Beispiel in Fragen wie: „Welche Zeit kommt nach der Zeit? Was kommt am Ende des Universums?“ Bisher meinte man, dass das sich ausdehnende Universum eines Tages wieder beginnen wird, sich zusammenzuziehen und auf einen gemeinsamen Punkt zusammenzustürzen. Neuere Berechnungen und Deutungen von Physikern nehmen dagegen an, dass sich die Ausdehnung im Gegenteil noch beschleunigt. Wird alles in einer großen Kälte enden, wenn die letzten Gestirne erloschen und die letzten Atome verglüht sind? Wird irgendwann in Abermilliarden Jahren sich alles in einer schier unendlichen Leere, in einem Vakuum so verteilt haben, dass so gut wie keine Spur mehr übrig bleibt von dem, was einmal war? Kein Licht mehr – nur noch Dunkel, ewige Finsternis?

Womöglich aber beginnt am Ende der Zeiten alles neu, mit einem weiteren Urknall, einer Explosion von Energie aus dem Nichts, mitten im Vakuum. In Bruchteilen einer Sekunde könnte sich eine winzige, aber höchst dicht geladene Energieblase bilden und diese sich mit unglaublicher Geschwindigkeit aufblähen, so dass aus diesem zunächst unscheinbaren, aber mit gewaltigsten Kräften ausgestatteten Potential ein völlig neues Universum entsteht mitten im Universum, ein „Blasenkosmos“ im Kosmos. Leben wir jetzt schon in einer solchen Welt mitten unter vielen Welten, von denen wir nichts sehen, spüren, ahnen?

Die Vorstellungskraft des menschlichen Gehirns in Entwicklung reicht nicht aus, um sich ein anschauliches Bild zu machen von den physikalisch-mathematischen Realitäten von Raum und Zeit, Werden und Vergehen, Vergangenheit und Zukunft. Auch Christen teilen die Fragen mit allen anderen Menschen. Zum Beispiel: Warum gibt es den Kosmos, wie wir ihn beobachten, schon seit mindestens fünfzehn Milliarden Jahren. Und warum gibt es den Menschen darin erst seit kurzer Zeit? Warum hat Gott eine Welt geschaffen, die unermesslich lange ohne die „Krone der Schöpfung“ auskam und die wohl noch viel länger ohne den Homo sapiens auskommen wird? Sind wir nur Streuner am Rande, am Abgrund des Nichts?

Wir wollen und können uns trotz unserer beschränkten Hirnkapazitäten den Fragen der Ewigkeit stellen. Wir wollen jedenfalls nicht darauf verzichten, um unseret- und unserer Kinder willen nicht. Schon die Bibel stellt sich – wenn auch ohne die Einsichten der heutigen Naturwissenschaft – jener die bloße Anschauung übersteigenden Denkmöglichkeit. Die frühen Christen waren voller Hoffnung, dass das Ende menschlicher Zeit, die Leere des Todes nicht das Ende Gottes bedeutet. Es ist nicht das Ende seiner Möglichkeiten, Zeit und Raum zu überschreiten und den Menschen aus dem Nichts zu retten. Gott kann uns aus dem Nichts neu schaffen – einen neuen Himmel und eine neue Erde, einen neuen Menschen, einen Kosmos am Ende des Kosmos, durch die Auferstehung der Toten in anderen Dimensionen. Die Welt, wie wir sie erleben und wie wir sie uns vorstellen, ist nicht die ganze Welt, nicht die ganze Welt Gottes.

Wir sind auf dieser Erde nicht endgültig zu Hause. Wir sind in Gottes Welt. Aber wir sind in Gottes Welt noch keineswegs angekommen. Mitten im Gewöhnlichen, Unsensationellen des Daseins ereignet sich immer wieder Offenbarung, Verklärung. Wieder und wieder kann uns ein Urknall göttlicher Neuschöpfung treffen. Das verändert Sehen und Erwarten.

Nicht das vermeintlich Außergewöhnliche ist das große Wunder Gottes. Nicht das, was wir *nicht* sehen, sondern das, was wir sehen, weckt unsere Sehnsucht. Tag für Tag haben wir dieses erste Wunder mit uns, mit unseren Kindern vor Augen. Aufgrund der Wahrscheinlichkeitsrechnungen von Kosmologen, Biologen, Chemikern wäre es eigentlich viel schlüssiger, dass es keine Welt gäbe, dass es kein Licht gäbe, keine Materie, keinen Geist, kein Leben. Logisch wäre es, dass das intelligente Wesen Mensch nie entstanden wäre, dass „du“ nicht bist, dass „ich“ nicht bin. Doch das große Wunder ist eingetreten, aller Unwahrscheinlichkeit zum Trotz. Wir sind, obwohl wir eigentlich nicht sein dürften.

Verhält es sich mit der Auferweckung Jesu Christi und der Auferstehung der Toten ähnlich? Nach menschlichem Ermessen ist dieses Wunder der Neuschöpfung ebenso unwahrscheinlich wie das, dass überhaupt etwas ist. Und doch wissen wir, dass das Unwahrscheinlichste schon einmal Wahrscheinlichkeit, ja Wirklichkeit geworden ist. Wir sollten eigentlich eher nicht sein – und hier sind wir, wir leben! Wir können gut begründet hoffen, dass auch die schwache Logik der Auferstehung nicht schwächer ist als die schwache, doch reale Logik des Daseins. Das ewige Leben ist ebenso wahrscheinlich wie das, was wir bereits sehen.

Solche Erfahrung leuchtet uns in der biblisch erzählten Verklärung Jesu ins eigene innere Erleben hinein – wenn wir uns selbst verklären lassen, wenn wir sensibel werden, wenn wir den anderen Blick in uns zulassen. So können wir in mancher Dunkelheit unseres Lebens etwas erspüren von der Fülle jenes göttlichen Lichts, von den Leuchtspuren Jesu Christi. Darüber mögen wir schweigen. Darüber können wir auch beten. Darüber sollten wir reden. Der Gott des Lebens allein kann uns bewahren vor dem Verglühen in ein ewiges Nichts. Wir haben unsere je eigene Berufung vor dem Göttlichen, im Angesicht Gottes. Nichts verbietet uns, selbst Ausschau zu halten nach jener Hoffnung, die über den Tod hinaus trägt.

Der Herausgeber der Wochenzeitung „Die Zeit“ und frühere Kulturstaatsminister Michael Naumann sagte einmal, Hauptaufgabe der Kirche sei es, die Gottesfrage in der säkularen Gesellschaft wach zu halten, sie wieder zu wecken. Allein dadurch könne das Christentum für moderne Menschen wieder attraktiv werden, dass es die Fähigkeit hat, „die Sehnsucht nach dem Numinosen, Rätselhaften, Unerklärbaren zu stillen“[50]. Die Kirche sei leider viel zu sehr „zu einer sozialen Dienstleisterin des in einer entfremdeten Gesellschaft lebenden Menschen geworden“. Soziale Hilfe und Moralappelle sind gewiss nicht unwichtig. Doch soziale Dienstleistung sei nicht die zentrale Aufgabe des Christseins, vielmehr – so sagt es Naumann mit einem theologischen Ausdruck – „die Vorbereitung auf das Eschaton“, also die Vorbereitung auf das Reich Gottes, auf das ewige Leben. Das ist die vornehmste Aufgabe bei der Erziehung unseres sterblichen Nachwuchses in einer sterblichen Kultur und Gesellschaft. Unsere Kinder sterben so, wie wir sterben. Wohinein sterben wir gemeinsam? In den ewigen Tod, in das ewige Leben? Darüber haben wir erziehend Rechenschaft zu geben.

Unser gesamtes Dasein ist widerspenstig, nie fassbar nach gängiger Logik. Aber auch unsere Welt ist so, wie wir von den Kosmologen, Biologen, Hirnforschern, Computerwissenschaftlern wissen. Die Logik der Auferstehung bleibt uns dabei sperrig. Aber sie ist nicht unlogisch. Sie verweist christlich Orientierte auf jenes Ziel, das sich in Jesus Christus zeigt – im Stall, auf dem Berg der Verklärung, am Kreuz oder unterwegs nach Emmaus, dort, wohin wir alle gehen im Fragen, Zweifeln und Hoffen unseres Lebens. Wir haben unsere Fragen. Unsere Fragen bleiben. Wir tragen sie vor die Menschen und vor Gott.

Wir finden Mut zur Ewigkeit. Und dieser Mut ist gut so. Er mag uns zunächst fremd vorkommen, er mag uns an uns selber überraschen. Aber er ist realistisch. Er ist gut begründet.

Mut zum Unvollkommenen

Ich muss nicht perfekt sein, auch religiös nicht. Gottes Welt, die Evolution, ist ebenfalls nicht perfekt. Nicht nur das Leben braucht Zeit, auch das Glauben. Wir sollten uns freimachen von der Allmachtsphantasie, dass es immer nur ein „Alles oder nichts“ gibt. Auch auf einem religiösen Erziehungsweg und Selbsterziehungsweg als Erwachsene werden wir uns in kleinen Schritten und über unzählige Stufen weiter an Wahrheiten herantasten, die sich womöglich erst nachträglich als Wahrheiten herausstellen. Solche Bescheidenheit kann uns helfen, uns nicht selber zu überfordern. Sie stärkt uns zugleich, nicht nachzulassen im Streben nach Weisheit und Erkenntnis.

Wir werden nie perfekt leben. Wir werden nie vollkommen beten. Wir werden nie vollkommen Gottesdienst feiern. Wir werden nie vollkommene Lieder singen und nie vollkommene Predigten hören. Wir werden unsere Kinder nie perfekt erziehen. Wir werden es nicht, und wir müssen es nicht. Die „Vollkommenheit“ ist mehr ein Sein als ein Haben, mehr ein Streben als ein Besitzen. Als Suchende bleiben wir unruhige Pilger, in Bewegung. Wir sind nicht satt, unser Durst ist nicht gelöscht. Wir sind keine Götter und keine Halbgötter, auch in der Erziehung nicht. Das macht uns menschlich. Das lässt uns menschlich bleiben gerade in dem, wo alles für unseren Lebenssinn auf dem Spiel steht: im religiösen Glauben.

Auch die Menschen, für die wir mitverantwortlich sind, sind unvollkommen, unser Lebenspartner, unsere Lebenspartnerin, unser Ehemann, unsere Ehefrau und unsere Kinder. Unsere Beziehung ist stets ebenso unvollendet wie unsere Erziehung. Wir brauchen uns keine Illusionen zu machen und keine falschen Hoffnungen. Gott ist größer als unser Herz. Nicht wir retten Gott, sondern Gott rettet uns. Der brasilianische Theologe Leonardo Boff sagte es einmal so: „Gott kommt früher als der Missionar.“ Gott ist schon „da“, wenn wir ihn suchen. Er ist selber in Bewegung.

11 Wie sag ich's meinem Kind?

Eltern: Die ersten Priester der Kinder

Über Jahrzehnte meinten viele Eltern, der „letzte Schrei“ religiöser Erziehung sei, die Kinder religiös sich selbst zu überlassen. Sie sollten frei sein von jeder Beeinflussung oder gar „Bevormundung“, um sich irgendwann einmal selber für oder gegen Gott, für oder gegen das Christsein oder für gar keinen Glaubensweg zu entscheiden. Inzwischen wissen wir: Diese pädagogischen Erwartungen waren und sind reinste Ideologie. Denn kein Mensch kann sich wirklich entwickeln als „unbeschriebenes Blatt“. Freiheit entsteht durch den Gebrauch von Freiheit, Sprache durch die Verwendung von Sprache, die Fähigkeit zur Entscheidung wächst durch Entscheiden. Zu all dem aber braucht es Voraussetzungen, Anregungen, Vorschläge. Bildung kommt aus Bildung – und nicht aus dem Nichts. Ohne Kommunikation aber, ohne Ansprache stirbt ein Mensch. Erst das Wort, erst die körperliche Zuwendung und die seelische wie die geistig-spirituelle Zuneigung bringt uns auf die Spur unseres Lebens. Und auf die Spur nach dem Sinn des Lebens.

Auch religiöse Bildung bildet sich nicht aus nichts. Auch Gott „wächst“ im Prozess des Lebens. Allein durch dieses „Werden“ kann er zum „Gott für mich“, zum „Gott für uns“, zum „Gott für uns und unsere Kinder“, ja zum „Gott für alles, was lebt“, zum „Gott der ganzen Schöpfung“ werden.

Wie jeder Mensch einzigartig ist, kann man mit guten Gründen vermuten, dass ähnlich die Gotteserfahrungen – ebenso wie die Gottes-Nichterfahrungen – trotz vieler Ähnlichkeiten zwischen den Menschen im Tiefsten einzigartig sind. In jedem Gehirn, in jeder Seele ein „anderer“ Gott, eine „andere“ Offenbarung, ein Rest von Geheimnis und Erkenntnis, über den man nicht eindeutig miteinander kommunizieren kann. Diesen Rest umhüllt etwas Dunkles. Dieser Rest, in dem die eigentliche

Quelle des Glaubens liegt, ist nicht wirklich bis ins Letzte anderen verständlich zu machen.

Diese Einsicht mag Christen erschaudern lassen, sofern sie der Meinung sind, dass sie in ihrer kirchlichen Gemeinschaft in allem und jederzeit immer gleich glauben, meinen, hoffen, denken müssen. Doch das ist Ideologie, nicht Glaube. Christen von heute können unter dem Druck der aktuellen Welterfahrung in vielem nicht mehr so glauben, wie ihre Vorfahren glaubten. Aber sie brauchten die Anregung der Ahnen des Glaubens, so unvollkommen auch deren Vorstellungen über Gott und Welt waren. Ebenso brauchen unsere Kinder für ihr Erwachsenwerden unsere religiösen Anregungen, so unvollkommen auch unsere Vorstellungen über Gott und die Welt sind, so sehr wir auf die Nachgeborenen auch unverständlich, hilflos und beschränkt wirken mögen. Solche Erfahrungen können uns bescheiden werden lassen in unserem Glauben.

Die Begleitung solcher Prozesse der Gotteserkenntnis nimmt den Eltern niemand ab. Für die Anfänge einer umfassenden Geistes- und Gewissensbildung unserer Kinder sind wir verantwortlich. Die Mutter ist die erste Priesterin, der Vater der erste Priester der Kinder – nachhaltig wichtig zu deren ureigenem Lebensglück.

Das Sichtbare und das Unsichtbare

Es ist ein großer Unterschied, ob man seine Kinder belehrt: Du bist, was du isst. Du hast, was du machst. Es gibt nur, was man sieht. Und: Wenn du die Augen zumachst, bist du tot. Oder ob man sie ahnen lässt: Es gibt Größeres als dich und mich. Es gibt noch anderes als das, was wir sehen, hören, riechen, schmecken, tasten, messen und berechnen. Staunend leben wir, lebend staunen wir. Nichts ist einfach, wie es ist. Es könnte alles anders sein. Oft genug ist es auch anders, als wir denken.

Wir leben im Sichtbaren. Doch für Kinder – und nicht nur

für sie – ist oft viel spannender das, was sie nicht sehen, was sie allenfalls vermuten. Die Verhüllung erst bringt ihnen das Unsichtbare aufregend nahe. Geschenke legen wir nicht platt vor aller Augen, sondern wir verpacken sie. Sie treten erst allmählich zutage, indem man sie auspackt, aufschnürt, enthüllt. Der größere Reiz des menschlichen Körpers ist nicht seine Nacktheit, sondern seine Verhüllung und Enthüllung. Der Zauber liegt im Verzaubern, erst in zweiter Linie im Entzaubern.

Ein beliebtes Spiel der Kinder aller Kulturen und aller Zeiten ist: sich verkleiden, anders erscheinen, als man ist, so dass andere einen nicht sofort erkennen. Nicht minder gern versteckt man sich. Dies ist der erste Akt zum Einfühlen in den anderen. Ich denke mich in ihn hinein, dass er mich jetzt nicht wahrnehmen kann, dass er mich nicht als existent erfahren kann – und doch bin ich da. Ich selber weiß, dass ein anderer jetzt nicht um mich weiß. Ich beobachte heimlich den, der mich nicht beobachten kann – und der mich suchend doch vermutet. Diese gewaltige Leistung des menschlichen Gehirns ermöglicht im Lauf der Zeit auch die entscheidende religiöse Entwicklung: den Übersprung von der puren Diesseitserfahrung zur viel komplexeren Transzendenzerwartung.

Mit dem Spiel auf der Grenze zwischen dem Sichtbaren und dem Unsichtbaren beginnt nicht bloß das für jede soziale Beziehung notwendige Einfühlungsvermögen in den anderen. Hier beginnt ebenso die Einfühlung ins Fremde, womöglich noch gar nicht Denkbare. Das Fremde ist nicht einfach das Nicht-Existente, es ist einzig und allein das Nicht-Naheliegende. Es bleibt das Fremde. Es wird über die vermittelte Kommunikation durch das Gehirn dann aber auch zu dem, was ich mir trotz aller Distanz gedanklich und emotional aneignen, dem ich näher treten kann. So ist es auch mit Gott. Gott ist denkbar. Gott ist möglich.

Zur Bewusstseinsreifung gehört die Fähigkeit zur Unterscheidung der Geister: Was ist wahrscheinlich und was ist unwahrscheinlich, was ist sichtbar irreal und was unsichtbar real? Nicht immer wissen wir es auf Anhieb. Manchmal sind wir auf dem Holzweg. Doch die Wechselwirkung aus Sichtbarkeit und Unsichtbarkeit hilft unserem Gehirn, sich mit dem bloß Bekannten nicht zufrieden zu geben. Neugier! So können wir uns schließlich ausstrecken nach dem real Möglichen, dem lebendigen Gott, und ihn als real Wirkliches „bergen" mit unserem unruhigen Geist, „beheimaten" in unserer pulsierenden Seele. Auch das ist Glauben: ein Atmen des Gehirns.

„Gott" – kein Märchen

Drachen durchziehen unsere Phantasie, doch Drachen hat es nie gegeben. Hexen richten Unheil an, doch Hexen hat es – außer in Wahnvorstellungen – nie gegeben. Vielleicht sind es evolutionsgeschichtliche Erinnerungen an den Dinosaurier, an Neandertalern ähnliche Vormenschen oder Nebenmenschen, die da im Gehirn des Homo sapiens weitergegeben wurden und unsere Märchen bevölkern. Ist auch „Gott" ähnlich wie sie nur ein Konstrukt einer sonderbaren Menschheitserfahrung, im Erbcode verankert, wie ein Gen weitergegeben von Generation zu Generation? Eine fixe Idee, eine Zwangsvorstellung? Vielleicht ein im Lauf der Evolution irgendwann als nützlich erkanntes Erziehungsinstrument, damit der Nachwuchs in Furcht und Zittern vor der Hölle Moral lernt und damit ein Volk endlich auf Sitte und Anstand achtet? Gott als Herrschaftsinstrument?

Beweiskräftig auszuschließen ist das nicht. Faktisch wurde „Gott" in der Erziehung immer wieder so eingesetzt, funktionalisiert. Nur: Allein für einen „Ruck durch die Gesellschaft" ist nach christlichem Verständnis Gott nicht Mensch geworden. Bloß zur Einübung einer freiheitlich-demokratischen Grundordnung hat Jesus Christus nicht gelitten, ist er nicht gestorben, ist er nicht begraben und am dritten Tag gemäß der Schrift auferweckt worden. Eigenartig: Das Menschheitsgedächtnis hat Gott zwar immer wieder in Märchen aufgenommen, und Gott hat in den Bildern, die sich Menschen machen, immer wieder märchenhafte Züge angenommen. Aber zugleich hat sich das menschliche Gehirn immer wieder gegen eine naive Total-Identifizierung gesperrt und einen entscheidenden Unterschied zwischen visionärer Fiktion und religiöser Wirklichkeit bewahrt: Märchen ist Märchen. Drache ist Drache. Hexe ist Hexe. Aber: Gott ist Gott. Gott bleibt Gott. Gott wird Gott sein.

Im biblischen Bilderverbot, das unser modernes Gottdenken nachhaltig prägt, hat sich dieses Bewusstsein für alle Zeiten gottes- und menschenkritisch in unserem Gehirn manifestiert: Gott weder „von dieser Welt" noch „von einer anderen Welt". Gott – weltlos weltnah und welthaft weltfern zugleich. Von Gott kann man nur paradox sprechen, widersprüchlich, falsch und richtig zugleich. Das ist ein nochmals höherer Grad an Abstraktion, den nur das menschliche Gehirn hervorbringen konnte. Und dies vielleicht doch, weil Gott diese Evolution, dieses Gehirn hervorgebracht hat!

Jedenfalls können, sollen und müssen wir in der Erziehung redlich von Gott reden – auf einem hohen Bildungsniveau und nicht unter unserem geistigen Niveau. Gott ist kein Märchen. Das Gottdenken verlangt Anstrengung. Daher sollten wir damit auch unsere Kinder herausfordern. Wir dürfen zu ihnen nicht läppisch von Gott reden. Gott ist nicht einfach, Gott ist schwierig. Unsere Kinder sollen das von Anfang an lernen. Sie sollen ahnen, dass auch die Erwachsenen Gott nicht „haben". Gott ist nicht der Vater und nicht die Mutter. Gott ist nicht der liebe Gefährte und nicht der schützende Engel. Gott ist nicht der Über-Teddybär und nicht der Über-Superman. Er ist kein heiliger Bud Spencer und kein seliger Arnold Schwarzenegger. Es ist auch keine Magna Charta der Menschenrechte, kein Grundgesetz, nicht einmal das Zehn-Gebot ethischer Weisung. Gott ist Gott.

Können Kinder das begreifen? Sollen, ja dürfen wir so gerade mit dem Heiligsten, dem wir uns doch allenfalls stolpernd und stotternd nähern, derart negativ, abstoßend umgehen?

Müssen wir nicht genauer wissen und genauer zu erkennen geben, woran unsere Kinder sind, mit Gott und mit uns?

Du sollst keine fremden Götter neben mir haben. Die Erziehung hat allzu lange allzu genau gewusst, wer, was, wie und wo Gott ist. Wie wir als Erwachsene in einer langen Lebensgeschichte lernen, scheu und vorsichtig mit Gott umzugehen, so sollten wir es ebenfalls den Kindern beibringen. Die größten Gotteszweifel wachsen häufig aus allzu großer Gottesgewissheit: dass man zu sicher meinte behaupten zu können, wie es denn nun wirklich sei. Zu bekannt ist uns ein Gott geworden, den wir dann mehr und mehr abgelehnt haben. Doch nicht diesen guten Bekannten, sondern den Unbekannten erfahren wir jetzt als inspirierende neue religiöse Frage. Dieser ist es, der uns neugierig machen, ja faszinieren kann. Diesem Gott in Freiheit näher zu treten – dazu wäre unseren Kindern ein Weg zu bahnen.

Lieber tun als reden

Vielleicht sollten Eltern überhaupt viel weniger Gott „erklären", viel weniger „belehren". Tun kommt vor dem Reden. Sein erschließt sich im Vollziehen. Dafür gibt es zuerst und vor allem: Gottesdienst. Dafür gibt es auch verschiedenste leibliche Ausdrucksmöglichkeiten: Schweigen, Rufen, Stehen, Sitzen, Knien, Liegen, Hören, Sehen, Tasten, Riechen, Schmecken. Auch das in sich gekehrte Staunen, das stammelnde, häufig verstummende Beten – oder im Gegensatz dazu das ekstatische Danken und Loben. Dafür gibt es Gebärde und Tanz, Bild und Ton. Die Möglichkeiten des Ausdrucks sind schier unbegrenzt. Fast unbegrenzt sind auch die Möglichkeiten meditativer Wiederholung, Nachahmung, Einübung.

Wie sag ich's meinem Kind? Durch eigenes kritisch bedachtes Tun, durch eigene regelmäßige Teilhabe an Gottesdiensten, am Feiern des Schöpfers des Himmels und der Erde, des Erlösers von Sünde und Tod. Das verlangt Disziplin. Die Disziplin, die wir von Kindern einfordern, beginnt mit der Selbstdisziplin der Erwachsenen. Ich muss wissen, was mir wichtig ist. Nur so kann ich meine Kinder erfahren lassen, was mir wichtig ist – und was auch ihnen wichtig werden sollte und könnte. Nicht Kadavergehorsam, nicht Angst ist die Schule unseres Glaubens. Sondern: Freiheit und Offenheit. Durch unsere leibliche Welterfahrung können wir uns auch geistig und geistlich-spirituell fortbilden. Wo wir uns freimütig und vorurteilsfrei hinauswagen auf den Ozean der neuen religiösen Frage, ist das die beste „Empfehlung" für die religiöse Bildung unserer Kinder, für eine ganzheitliche Bildung.

Selber denken

„Niemand denkt für dich. Du selber denkst." Das ist die zentrale „Weisung", die wir unseren Kindern gefühlsmäßig und rational auf ihren Lebensweg, für den Prozess der Gehirn- und Glaubensentwicklung zum Erwachsenwerden mitgeben können. Niemand denkt in diesen religiösen Dimensionen für mich, kein Freund, keine Freundin, kein Mainstream, keine Mode, keine Medienmeinung. Ich selber denke. Es mag für Kinder hart sein, Stück für Stück zu erfahren, dass sie sich gemäß ihrem Alter abnabeln, auf die eigenen Füße stellen und den eigenen Kopf gebrauchen müssen. Doch alle Bildung verlangt vom Kind, aus der ursprünglich symbiotischen Einheit mit den Eltern herauszutreten in die Weite eigener Erfahrung und Achtsamkeit. Möglicherweise fällt das den neuen Vätern und neuen Müttern, die in besonderer Weise in ihrem bewusst geplanten Kind ihr Wunschkind sehen, schwerer als früheren Elterngenerationen.

Auch im religiösen Lernen müssen sich die Kinder allmählich freischwimmen. Kinder wollen gerade da nicht Kinder bleiben, sondern Erwachsene werden. Sie brauchen die Chance, spirituell gleichfalls erwachsen zu werden. Sie sollen eines Tages – rechtzeitig – den Kinderglauben ablegen und sich in einer erwachsenen Religiosität selber vor Gott und der Welt für Gott und die Welt verantwortlich fühlen. Das verlangt Fingerspitzengefühl von den Eltern, von allen an der Erziehung Beteiligten. Sie sollten sich selber *in* der Religion emanzipieren – nicht *von* der Religion.

Dieser Erwachsenwerdungsprozess der Erwachsenen hin zu einer erwachsenen Religion dauert ein Leben lang. Die Gefahr, in einen mehr oder weniger heimeligen, aber falschen Kinderglauben zurückzufallen, lauert überall. Die Regression Erwachsener in religiöse Infantilität erschwert die Entwicklung im Christsein momentan weitaus mehr als die pure Gottes-Gleichgültigkeit. Umgekehrt gilt: Wer als Erwachsener seinen Horizont religiös erweitert und pflegt, leistet allein schon dadurch einen bedeutenden Beitrag zur Überwindung des Erziehungs- und Bildungsnotstands.

Schluss

Zehn Erfahrungen auf dem Erziehungsweg

1. Das Leben ist rätselhaft.

Der Mensch ist das einzige Wesen, das nachdenken kann – über sich selbst, über andere, über alles. Über Gott. Nichts muss sein. Nichts muss sein, wie es ist. Wir wollen wissen, auch wenn wir wenig wissen. Wir lassen uns die Sehnsucht nach Wissen nicht austreiben.

Das Leben bleibt rätselhaft.

Jede Generation will neu wissen. Jede Generation hat ein Menschenrecht und eine Menschenpflicht, mehr zu erfahren. Keine vorausgegangene Generation darf es den Nachgeborenen verwehren, über das eigene Erkannte hinauszugehen. Denken heißt Überschreiten – zum immer neuen Rätselhaften, Geheimnisvollen, Mysteriösen hin.

Das Rätsel macht lebendig.

Wer fürs Rätselhafte offen ist, bleibt neugierig. Wer nicht mehr fragen, nicht mehr ahnen, nicht mehr staunen kann, stirbt ab, dessen Gehirn verarmt. Es gibt Fortschritt, es gibt Wahrheit, es gibt Zukunft. Das Dunkle treibt zum Hellen. Nicht einen blinden Pessimismus, sondern einen umsichtigen Optimismus sollen wir unsere Kinder lehren: ein begründetes Vertrauen.

2. Wir leben mit Kindern.

Wir leben nicht neben den Kindern her. Auch wer keine Kinder hat, ist den Kindern verpflichtet. Der Generationenvertrag meint nicht zuerst Austausch von Geld und sozialer Gegenleistung. Sondern: Solidarität im gemeinsamen Suchen nach dem Sinn des Lebens.

Wir leben ohne Kinder.
Auch als Eltern verbringen wir nur einen kleinen Teil unseres Lebens mit unseren Kindern. Das Loslassen beginnt bereits mit der Geburt. Die Kinder sind uns anvertraut, aber sie gehören uns nicht. Zur Freiheit sind wir berufen. Zur Freiheit sind auch die Kinder frei gemacht.

Wir leben nicht in unseren Kindern.
Unser Nachwuchs mag das Erbgut von uns mitbekommen haben und es an eigene Kinder weitergeben. Doch das Ziel unseres Lebens ist nicht die Verbreitung unserer Gene. Die Gene sind sterblich. Das Gehirn ist sterblich. Der individuelle Mensch – so hoffen wir – ist unsterblich vor Gott. Wir glänzen nicht vor und nicht mit unseren Kindern. Unsere Seele erhält ihren Glanz im Leben auf Gott hin.

3. Wir denken und fühlen mit unseren Kindern.
Unser Herz ist nicht aus Stein. Solange wir auf dieser Erde sind, werden wir Freude und Hoffnung, Trauer und Leid unserer Kinder teilen. Wir werden uns mit ihnen sorgen und mit ihnen glücklich sein. Unsere Mitverantwortung endet nicht, wenn sie 18 sind.

Wir denken und fühlen nicht für unsere Kinder.
Wir sollen niemanden überbehüten. Die Autonomie der Kinder verlangt den Respekt der Eltern. Unsere Kinder sollen von uns vor allem das eine lernen können: Nicht die Masse und nicht die Mehrheit ist die Norm. Entscheidend ist: Selber denken, selber fühlen, selber ahnen.

Unsere Kinder denken und fühlen mit uns.
Es ist bitter für Eltern, wenn sie mit zunehmendem Alter von ihren eigenen Kindern verlassen werden. Niemand ist vor diesem Schicksal sicher. Doch: Sichere Eltern erziehen eher sichere Kinder – auch in der Sorge für Vater und Mutter und Geschwister.

4. Kinder sind keine Erwachsene.

Kinder sind oft sehr stark. Aber sie sind nicht stark genug für alles. Man darf die Gefühle der Kinder nicht überstrapazieren. Emotionen sind ebenfalls ein kostbares Gut und eine erschöpfbare Ressource. Kinder ersetzen nicht die Partnerbeziehung.

Erwachsene sind keine Kinder.

Unser Lebensstil soll nicht kindisch sein. Die Erinnerung mag zwar da und dort in die Kindheit schweifen. Doch unsere Kinder sollen wir zum Erwachsenwerden anregen und begleiten, nicht zur Infantilität.

Kindliche Neugier lässt wachsen.

Das reine Herz bewegt einen reinen Geist. Wir stehen immer am Anfang. Wir kommen nie an ein geistiges Ende. Als Erwachsene können wir eine geistliche Kindschaft üben: die ewige Neugier auf den Grund und das Ziel unserer Existenz.

5. Wir planen Gegenwart.

Materielle Güter sind wichtig. Wir sollen uns als Eltern mit aller Energie eigenständig um die Versorgung unserer Kinder kümmern – so gut es geht. Wir sollen uns mühen, unsere Familien nicht an den Tropf des Staates zu hängen. Wir wollen uns mit aller Macht auch kümmern um eine gute seelische und geistige Bildung für die, die uns anvertraut sind. Die Gegenwart nimmt uns voll in Anspruch.

Wir planen für die Zukunft.

Wir haben auch an die nachfolgenden Generationen zu denken. Wer eigene Kinder hat, spürt es eher: Die ökologische Frage ist genauso wichtig wie die soziale Frage. Familien können Vorreiter ökologischer Wachsamkeit sein.

Nicht alles ist planbar.

Uns muss keine Panik befallen, wenn nicht alles so gelingt, wie wir es uns vorstellen. Familien wissen, dass Verständigung ein andauernder Austausch ist, ein immerwährender Kommunikationsprozess mit Geben und Nehmen und stets neuen Kompromissen. Aus der internen „Familienpolitik“ können wir lernen, ideologiefrei Verständnis zu finden für die größere Politik: Es gibt das Chaos, es gibt den Zufall. Auch daraus kann Gutes wachsen.

6. Wir haben Erinnerungen.

Manche erinnern sich stark an Ereignisse in ihrem Lebenslauf, andere haben viel vergessen. Ob es gute, ob es schlechte Erlebnisse sind: Einzelne Lebensstationen prägen sich besonders stark ein. Nicht selten sind es Nebensächlichkeiten, die besonders im Gedächtnis haften bleiben. Erinnerungen können lähmen. Erinnerungen können aber auch Energien freisetzen.

Wir brauchen Erinnerungen.

Wir brauchen nicht nur irgendwelche Erinnerungen, sondern vor allem Erinnerungen daran, woran Menschen vor uns geglaubt, worauf sie gehofft, was sie geliebt haben. Wir brauchen insbesondere die Tradition religiöser Erinnerung. Ohne Gotteserinnerung keine Kultur. Nur Barbaren zerstören solche Erinnerung.

Wir erzählen für morgen.

Erinnerungen sind kein Selbstzweck. Auch religiöse Erinnerungen sollen uns nicht rührselig an vergangene Zeiten ketten. Sie sollen uns und unsere Kinder vielmehr frei machen in Wachsamkeit, Offenheit und Sensibilität auf morgen hin.

7. Wir wollen das Beste.

Für unsere Kinder ist das Beste gerade gut genug. Doch nicht immer ist das, was wir für das Beste halten, wirklich gut. Erziehung ist kein selbstgenügsamer privater Akt. Wir brauchen Solidarität in der Erziehung und für die Erziehung – vor allem einen sorgfältigen öffentlichen Dialog über Erziehung.

Wir geben nicht das Schlechteste.

Eltern mühen sich, Eltern strengen sich an. Sie wollen ihre Kinder und ihre Gesellschaft nicht ins Unglück stürzen. Die hohe Leistung von Eltern ist gesellschaftlich anzuerkennen und nicht gering zu schätzen, erst recht nicht schlecht zu reden. Wer es besser weiß, soll es besser machen.

Wir müssen nicht alles geben.

In der Beziehung der Eltern zu ihren Kindern muss Raum bleiben für die Beziehung der Partner untereinander. Der Nachwuchs verlangt viel. Die Paarbeziehung, die eheliche Gemeinschaft verlangt nicht weniger. Eltern brauchen Entlastung für sich selbst. Weder Kindererziehung noch Ehe ist einfach nur Privatsache.

8. Glauben ist keine Glückssache.

Ob wir an Gott, an ein ewiges Leben, an einen Sinn über das Diesseits hinaus glauben oder nicht, ist für unsere Kinder nicht gleichgültig. Religiosität aber entsteht nicht von selbst. Um die geistlichen Nahrungsquellen müssen wir uns ebenso mühevoll kümmern wie um die materiellen. Auch Glauben ist Arbeiten.

Glauben macht nicht nur glücklich.

Wer glaubt, der zweifelt auch. Wie sinnvoll ist die Sinnlosigkeit? Religiöse Menschen sind nicht unbedingt die glücklichsten. Wir müssen nicht immer glücklich sein. Glück meint nicht bürgerlich-spießige Behaglichkeit. Das größte Glück – Gott und das ewige Leben – geht durch den Zweifel.

Glauben wird Glück.

Das Glück des Glaubens reicht in eine andere Dimension. Glücklich ihr Armen. Glücklich, die ihr jetzt hungert und dürstet nach Gerechtigkeit. Glücklich, die ihr jetzt trauert und weint. Glücklich, die ihr keine Gewalt anwendet. Glücklich die Barmherzigen. Glücklich, die in reines Herz haben. Glücklich, die Frieden stiften.

9. Gott kommt aus dem Gestern.

Wir haben Gott nicht erfunden. Unsere Eltern haben Gott nicht erfunden, unsere Großeltern nicht ... Wir sind ein Teil einer langen Geschichtskette von Menschen, die gute Gründe hatten zu glauben. Wir sollten bescheiden sein und achtsam auf die Tradition, nicht überheblich angesichts dessen, was sie bewegt, gerührt, ergriffen hat.

Heute ist nicht gestern.

Wir sind nicht unsere Eltern und nicht unsere Großeltern. Wir erleben die Welt neu, nicht selten anders. Das gibt uns das Recht und nimmt uns in die Pflicht, uns auch religiös neu – anders – vorzuwagen.

Gott ist nicht von gestern.

Moden kommen und gehen. Religiöse Texte tauchen auf und verschwinden. Die Menschen erinnern sich und vergessen. „Gott" bleibt. Wir lassen uns unser Denken, Ahnen und Ersehnen eines neuen Morgen nicht verbieten, auch Gott nicht.

10. Ich bin nicht nur mein Gehirn.

Ohne Hirnzellen gäbe es mich nicht. Ohne die materielle Biochemie des Lebens hätte ich weder meine Gene noch Gefühl und Verstand. Doch das Gehirn allein erschafft mich nicht. Geist ist mehr als nur mein Gehirn.

Wir sind nicht ohne Gehirn.
Ich bin ich, und du bist du. Ich bin nicht du. Ich bin nicht wir. Ich bin nicht ein anonymer Reflex in einer Massengesellschaft. Was ich vom Leben erwarte, welchen Sinn ich ihm zumesse, ob ich besser ans Nichts glaube oder an Gott – das entscheidet niemand für mich. Mein Gehirn gehört mir.

Geist schafft Leben.
Mein Gehirn gehört nicht nur mir allein. Was ich denke, was ich wünsche, woran ich glaube, worauf ich hoffe – das beeinflusst nicht nur meine Entwicklung. Für unsere Kinder ist entscheidend, in welchem Geist wir sie erziehen, wie wir ihnen helfen, die Geister zu unterscheiden, in Nachdenklichkeit und Achtsamkeit. Geist fragt nach dem Ur-Grund des Lebens. Geist schafft Leben. Gott schafft Geist. Geist will Geist.

Anmerkungen

[1] Robert Pogue Harrison: Wie alt sind wir? In: Merkur, September/Oktober 2001.

[2] Monika Osberghaus: Mütter auf dem Rückzug. In: Frankfurter Allgemeine Zeitung, 9.2.2005.

[3] Wilhelm Rotthaus, in: Deutsches Ärzteblatt, zitiert in: Christ in der Gegenwart, Nr. 27/2001.

[4] Zitiert in: Alfons Gerhardt: Wenn die Partnerschaft neuen Halt sucht. In: Christ in der Gegenwart, Nr. 36/2004.

[5] Vgl. Anmerkung 4.

[6] Vgl. Karl Gebauer, Gerald Hüther: Kinder brauchen Wurzeln. Düsseldorf 2001; Kinder suchen Orientierung. Düsseldorf 2002.

[7] Norbert Herschkowitz: Klug, neugierig und fit für die Welt - Gehirn und Persönlichkeitsentwicklung in den ersten sechs Lebensjahren. Freiburg 2004.

[8] Vgl. Anmerkung 6.

[9] Vgl. Anmerkung 6.

[10] Vgl. Anmerkung 6.

[11] Vgl. Anmerkung 6.

[12] Hartmut von Hentig: Die Schule neu denken. Weinheim 2003.

[13] Elsbeth Tobler: Die zerbrechliche Coolness. In: Neue Zürcher Zeitung, 19. Juli 2003.

[14] Vgl. Anmerkung 13.

[15] Matthias Morgenroth: Weihnachts-Christentum. Gütersloh 2003; Heiligabend-Religion. München 2003.

[16] Matthias Morgenroth: Spielerisch, ironisch, ästhetisch - Wer die moderne Religiosität verstehen will, muss vor allem auf Weihnachten schauen. In: Zeitzeichen, Juli 2003.

[17] Martha Fay: Brauchen Kinder Religion? Hamburg 1994.

[18] Nobel statt Nabel. Der Spiegel, 7. Juli 2003.

[19] Vgl. Menschenrecht auf Religion. In: Christ in der Gegenwart, Nr. 15/2004; siehe insbesondere: Albert Biesinger, Hans-Jürgen Kerner, Gunther Klosinski, Friedrich Schweitzer (Hrsg.): Brauchen Kinder Religion? Weinheim und Basel 2005.

[20] Vgl. Anmerkung 19.

[21] Vgl. Anmerkung 19.

[22] Vgl. Anmerkung 19.

[23] Robert Bolz, Die Tageszeitung, 20./21. März 2004.

[24] Robert Coles: Wird Gott nass, wenn es regnet? München 1994.
[25] Sofia Cavalletti: Das religiöse Potential des Kindes. Freiburg 1994.
[26] Tilmann Moser: Von der Gottesvergiftung zu einem erträglichen Gott. Stuttgart 2003.
[27] Martin Kuckenburg: Wer sprach das erste Wort? Stuttgart 2004.
[28] Vgl. Anmerkung 6.
[29] Susanne Paulsen: Kleine Denker – große Gedanken. In: Geo Wissen, Nr. 29: Erkenntnis – Weisheit – Spiritualität, 2002.
[30] Frank Schirrmacher, zitiert in: Christ in der Gegenwart, Nr. 44/2000.
[31] Jan Kerkhofs: Gott in der Alltagssprache der Europäer. In: Theologisch-praktische Quartalschrift, 4/2000.
[32] Heinz Robert Schlette: „Die Einsamkeit im Glauben wird furchtbar sein". In: „Orientierung", 15./31. August 2001.
[33] Joachim Kunstmann: Medienreligion. In: Evangelische Theologie, 6/2003.
[34] Marianne Gronemeyer: Berechnete und vertrauensvolle Verhältnisse. Interview mit: Diakonia, Januar 2004.
[35] Paul Michael Zulehner: Gotteshunger in der Kultur. Interview mit: Zeitzeichen, Juli 2003.
[36] Hartmut Meesmann: Die Tränen im Krug. In: Publik-Forum, 11. Juli 2003.
[37] Vgl. Staatslexikon, zweiter Band, Freiburg 1986.
[38] Detlef B. Linke: Das Gehirn – Schlüssel zur Unendlichkeit. Freiburg 2004.
[39] George Coyne, Interview mit: Der Spiegel, 25. Dezember 2000.
[40] John Polkinghorne, in: Bild der Wissenschaft, Dezember 1999.
[41] Günter Ewald: Physik hat ein Fenster zum Jenseits. In: Johannes Röser (Hrsg.): Mehr Himmel wagen. Freiburg 1999.
[42] Karl Rahner: Frömmigkeit früher und heute. In: Schriften zur Theologie, Bd. 7, Einsiedeln, 2. Aufl. 1971.
[43] Leszek Kolakowski, zitiert in: Christus erwacht in den Eliten? In: Christ in der Gegenwart, Nr. 2/2005.
[44] Peter L. Berger, zitiert in: „Vor dem Infarkt?" In: Christ in der Gegenwart, Nr. 4/1994.
[45] Ernst Pöppel: Die unnatürlichste Tätigkeit des Gehirns. Interview mit: Universitas, Juli 2002.
[46] Susanne Gaschke: Lesen, Lesen, Lesen. In: Universitas, Juli 2002.
[47] Bettina Hurrelmann, zitiert in: Universitas, Juli 2002, vgl. Anmerkung 46.
[48] Horst Heidtmann: Lesen und neue Medien. In: Universitas, Juli 2002.
[49] Beschluss: Unsere Hoffnung. In: Gemeinsame Synode der Bistümer in der Bundesrepublik Deutschland. Offizielle Gesamtausgabe I. Freiburg 1976.
[50] Michael Naumann: Hauptstadt der Kreativität. Interview mit: Evangelische Kommentare, September 1999.